Gutachten

der

Leipziger Juristenfakultät

über das Recht der Söhne Seiner Erlaucht
des Graf-Regenten Ernst zur Lippe-Biesterfeld

auf die

Thronfolge im Fürstentum Lippe

Leipzig
Verlag von Veit & Comp.
1906

Gutachten

der

Leipziger Juristenfakultät

über das Recht der Söhne Seiner Erlaucht
des Graf-Regenten Ernst zur Lippe-Biesterfeld

auf die

Thronfolge im Fürstentum Lippe

Leipzig
Verlag von Veit & Comp.
1906

Druck von Metzger & Wittig in Leipzig.

Vorwort.

Das folgende Gutachten ist seinerzeit nicht der Öffentlichkeit übergeben worden. Da es nichtsdestoweniger schon einigen Schriftstellern bekannt geworden und von ihnen benutzt worden war, wird es jetzt auf mehrfache Anregung hin zur Vervollständigung des wissenschaftlichen Materials über die bekannte Streitfrage nachträglich veröffentlicht.

Leipzig, den 26. April 1906.

Die Leipziger Juristenfakultät.

Durch Anschreiben des Fürstlich Lippeschen Staatsministeriums vom 28. Oktober 1898 ist die Juristenfakultät der Universität Leipzig ersucht worden, sich gutachtlich darüber zu äußern:

ob die Bestreitung der Sukzessions-Ansprüche der Söhne Seiner Erlaucht des Grafen Ernst zur Lippe-Biesterfeld, Regenten des Fürstentums Lippe, rechtlich begründet ist?

Nun liegt uns ein bestimmter genau substanziierter Angriff auf jene Sukzessionsberechtigung der Söhne des Grafen Ernst, über dessen spezielle Begründung wir gefragt wurden, nicht vor. Somit ist ihre rechtliche Bestreitbarkeit in vollstem Umfange — nach allen Richtungen — das Thema, dem unsre Untersuchung sich widmen soll.

Dies Thema erschöpft sich erst durch Stellung und Beantwortung dreier Fragen:

A. Sind die Söhne des Grafen Regenten Ernst von Lippe-Biesterfeld aus ebenbürtiger Ehe entsprossen?

B. Bestehen abgesehen von Ebenbürtigkeit oder Unebenbürtigkeit dieser Ehe andere Gründe materiellrechtlicher Natur, welche dem Thronfolgeanspruch der Söhne des Grafen den Charakter der rechtlichen Unanfechtbarkeit verleihen?

C. Besteht das Anfechtungsrecht zurzeit noch in Kraft oder ist es erloschen, ist also auch vielleicht aus Gründen des formellen Rechtes die Unbestreitbarkeit jener Sukzessions-Ansprüche zu behaupten?

Während die erste Frage sich streng isolieren läßt (s. unten S. 6 ff.), dulden die zweite und dritte in ihrer Besprechung keine strenge Sonderung voneinander (s. unten S. 28 ff.).

Nur hat die Fakultät geglaubt, bei der außerordentlich großen Bedeutung des Schiedsspruches dem Verhältnisse desselben zu der an uns gestellten Frage einen besonderen Abschnitt widmen zu sollen (s. unten D., S. 43 ff.).

In dem Gutachten war mancher Punkt zu berühren, über den die geschriebenen Quellen ganz und die Werke der staatsrechtlichen Literatur fast ganz schweigen. Die Fakultät konnte die Absicht nicht hegen, bei Anlaß eines Gutachtens diese Fragen wissenschaftlich zu erschöpfen. Ihre Überzeugung über deren richtige Lösung auszusprechen — dazu hielt sie sich aber innerhalb des von ihr erbetenen Gutachtens für verpflichtet.

A. Sind die Söhne des Grafen von Lippe-Biesterfeld aus ebenbürtiger Ehe entsprossen?

Durch Spruch des Dresdener Schiedsgerichtes vom 22. Juni 1897 ist entschieden worden:

Seine Erlaucht der Graf Ernst Casimir Friedrich Karl Eberhard, Graf und Edler Herr zur Lippe-Biesterfeld ist nach Erledigung des zurzeit von Seiner Durchlaucht dem Fürsten Karl Alexander zur Lippe innegehabten Thrones zur Regierungsnachfolge in dem Fürstentum Lippe berechtigt und berufen. (Schiedsspruch zu dem Rechtsstreite über die Thronfolge im Fürstentum Lippe. Leipzig 1897. S. 3.)

Das Schiedsgericht hat dabei festgestellt, daß

1. eine Ehe, welche ein Mitglied einer reichsgräflichen wenn auch später fürstlichen Familie mit einer Frau des niederen Adels eingeht, nicht als Mißheirat anzusehen sei;

2. daß es gleichgültig sei, ob die dem niederen Adel angehörige Frau dem Freiherren- oder Grafenstande oder dem einfachen, nicht besonders qualifizierten Adel zugehöre.

In beiden Punkten befindet sich das Schiedsgericht in Übereinstimmung mit der Rechtsanschauung des Reichsgerichts, wie diese in dem Erkenntnisse des II. Zivilsenats vom 5. Dezember 1893 (Entscheidungen des Reichsgerichts in Zivilsachen Bd. 32 Nr. 38 S. 150 f.) ausgesprochen worden ist.

Diese Fragen sind demnach als festgestellt zu erachten und scheiden aus der nachfolgenden Betrachtung aus, während die rechtliche Natur des Schiedsspruches und das Verhältnis von dessen Tenor und Gründen weiter unten in Abschnitt D erörtert werden wird.

Nicht direkt entschieden ist dagegen in dem Schiedsspruche die Frage: ob nach Reichsherkommen, bez. dem Herkommen der Lippeschen

Familie zur Standesgemäßheit einer Ehe, welche ein Mitglied der Familie Lippe mit einer Frau des niederen Adels geschlossen habe, erforderlich sei, daß diese Frau dem alten Adel angehöre. S. 42 des Schiedsspruches heißt es vielmehr ausdrücklich: daß das Schiedsgericht nicht die Überzeugung hat gewinnen können, es habe sich in dem Hause Lippe ein mehr als einfachen niederen Adel, vielleicht mit Abstammung aus altadeliger Familie erforderndes Herkommen gebildet. Diese Frage erfordert daher eine besondere Erörterung, welche im folgenden gegeben wird.

I

Der jetzige Regent von Lippe hat sich am 16. September 1869 vermählt mit Karoline Cäcilie Klotilde Reichsgräfin von Wartensleben. Letztere ist am 6. April 1844 zu Mannheim geboren aus der Ehe, welche Reichsgraf Leopold Otto Friedrich Franz von Wartensleben mit Mathilde Bohlen-Halbach nach Angabe des Trauscheines „ehelichen ledigen Tochter des hier (Mannheim) wohnenden Rentners Arnold Halbach und dessen Frau Karoline Bohlen" geschlossen hatte. (Wartensleben, Nachrichten von dem Geschlechte der Grafen von Wartensleben. Berlin 1858. Bd. 2 S. 285.) Der Großvater der Gräfin Karoline stammte aus Müngsten bei Remscheid, wo er mit seinem Bruder einen alten Familiensitz und Stahlhämmer besaß. Er ging aus geschäftlichen Gründen nach Amerika, wurde dort Königl. Preußischer Konsul und heiratete dort Karoline Bohlen oder von Bohlen, wie bei Wartensleben a. a. O. angegeben wird.

Die nicht einmal festgestellte Behauptung der Familie Halbach, Turniergenossen von Schweinfurt mit Adelsqualität gewesen zu sein, kann als unbewiesen nicht in Betracht kommen. Arnold Halbach muß rechtlich als zum Bürgerstande gehörig angesehen werden. Und darum ist es auch gleichgültig, ob seine Ehefrau einer adeligen Familie von Bohlen zugehörte, da sie durch Ehe mit einem Bürgerlichen dessen Stand erhalten hat und der angeblich von ihrem Vater niedergelegte Adel nicht wieder aufgenommen worden ist, vielmehr ein von dem Enkel ihres Vaters, dem Königl. Preußischen Leutnant Fritz Bohlen deswegen eingeleitetes Verfahren durch dessen Tod sistiert wurde.

Die Familie Wartensleben führt ihren Stammbaum zurück auf Baldewin auf Werdesleve 1270. Sie hat niemals dem Stande der deutschen Reichsfreiherrn angehört (Wartensleben a. a. O. Bd. 1 S. 41.). Dagegen ist sie 1703 in den Preußischen Grafenstand erhoben worden, (ebendas.) und durch Patent vom 29. März 1706 (ebendas. Bd. 1 S. 47) in den Reichsgrafenstand getreten. Sowohl in diesem kaiserlichen Patent, wie in dem aus dem Jahre 1745 (Wartensleben, Bd. 1 S. 52) wird von dem „uralt-ritterbürtigen Stand", „uralt-adeligen Geschlecht" derer von Wartensleben gesprochen, wie denn auch in dem Gothaischen Grafenkalender die Familie als Magdeburgischer Uradel bezeichnet wird.

Indessen sind sie niemals reichsunmittelbar gewesen und der neue Reichsgraf, der General-Feldmarschall Graf von Wartensleben, hat durch Revers vom 24. Dezember 1712 (Wartensleben, Bd. 1 S. 99) ausdrücklich auf die ihm für die Herrlichkeit Wertherbruch und Mitteldonck zustehende „Territorial-Hoheit, Reichs-Immedietät und was daran anklebet" verzichtet und den König von Preußen „pro absoluto domino territoriali" anerkannt.

Es kann dahingestellt bleiben, ob durch den erlangten reichsgräflichen Titel zur Zeit von dessen Verleihung die Wartenslebensche Familie Zugehörigkeit zum hohen deutschen Adel erlangt habe, ob infolgedessen bei Bejahung dieser Frage die Ehe eines Grafen Wartensleben mit einer Bürgerin als Mißheirat anzusehen gewesen wäre, ob jedoch eine solche Ehe durch Zustimmung der Familie nichtsdestoweniger hätte zu einer ebenbürtigen gemacht werden können.

Es ist unzweifelhaft, daß im Anfange des achtzehnten Jahrhunderts die Doktrin auf dem Standpunkte stand, daß jedenfalls Titular-Reichsgrafen als hochadlig anzusehen seien (ausführlicher Nachweis bei Göhrum, Geschichtl. Darstellung der Lehre von der Ebenbürtigkeit, Tübingen 1846, Bd. 2 S. 101 ff.), und noch 1741 erklärt das reichsgräfliche Kollegium selbst: „daß die dignitas comitum . . bekanntlich die letztere Klasse des hohen Adels im Reiche ausmachet" (Moser, Wahlkapitulation Karls VI. Bd. 2 S. 563, Frankf. 1742), ohne daß zwischen Titular-Grafen und anderen irgendwie unterschieden würde (vgl. auch Reuling, Das Ebenburtsrecht des Lippeschen Hauses, Berlin 1897, S. 87 f.). Das Wartenslebensche Haus hat indessen niemals Reichsstandschaft — nicht einmal diejenige der Personallisten — besessen, worauf heute der Begriff des Hohen Adels einmütig begründet wird.

Vgl. statt vieler: Württemberg. Adelsstat. v. 1817 § 1, 6 bei Kraut, Grundriß d. deutschen Privatrechts § 36 Nr. 8, Berlin 1886; Heffter, Sonderrechte d. souveränen u. d. mediatisierten Häuser Deutschlands, Berlin 1871, S. 27 f.; Gierke, Deutsches Privatrecht Bd. 1 § 47, Leipzig 1895. Es gehört nicht zu den Familien, welche im Art. XIV der deutschen Bundesakte vom Jahre 1815 als mit den souveränen ebenbürtig hingestellt werden, aufgezählt bei Heffter, Sonderrechte S. 325 ff., und für welche deswegen wie für die souveränen selbst allein noch der Begriff der standesmäßigen Ehe von Bedeutung ist.

Die reichsgräflich Wartenslebensche Familie, deren Glied Graf Leopold, der Vater der Gräfin Karoline war, gehörte also, was auch von keiner Seite bestritten wird, jedenfalls seit diesem Jahrhundert dem niederen Adel an. (v. Weyhe-Eimke, D. rechtmäß. Ehen d. Hohen Adels d. h. röm. Reiches deutsch. Nation, Prag 1895, S. 290.)

II

Es fragt sich zunächst, ob die Ehe des Grafen Leopold von Wartensleben mit Mathilde Halbach-Bohlen eine ebenbürtige gewesen ist, so daß der reichsgräfliche Stand des Vaters auf die in dieser Ehe erzeugte Tochter Karoline übergegangen ist.

Diese Frage, verneint von von Weyhe-Eimke a. a. O. S. 290, ist ohne alles Bedenken zu bejahen.

1

Der Sachsenspiegel kennt noch keine Mißheirat zwischen adeligen und nichtadeligen Personen. Zwar wird eine Ahnenprobe erwähnt (Sachsenspiegel Buch I Art. 51 § 3), aber nur um die Vollfreiheit zu beweisen, oder um dem Ungenossen, der nicht vier Ahnen freier Geburt nachweisen konnte (Schwabenspiegel c. 70, 79, ed. Laßberg), den Kampf zu verweigern. Die Ritterbürtigkeit ist nach dem Sachsenspiegel (Lehnrecht Art. 2 § 1) nur durch die Vatersseite bedingt.

Ja wenn auch schon im dreizehnten Jahrhundert Ehen zwischen ministeriales und milites als unebenbürtige angesehen wurden (v. Zallinger, Ministeriales und Milites, Innsbruck 1878, S. 21), so lassen doch die Rechtsquellen erkennen, daß selbst Ehen zwischen freien Bauern und Adel als ebenbürtig betrachtet wurden, wie es in dem Weistum von Großkembs 1384 (Grimm, Weistümer Bd. 1 S. 656 § 9) heißt: Wir sollend auch aller fürsten Genoss sin und mogints wibin und mannen, on eygen lüt, wo wir wöllent. (Vgl. Heusler, Institut. d. d. Privatr. Bd. 1 S. 178, Leipzig 1885.) Auch die Glosse zum Sachsenspiegel (III., 45 § 3, ed. Zobel, Leipzig 1561, fol. CCCCVI) sagt: Wisse des mannes ehre zieret oder schmücket das Weib und er adelt sie (vgl. auch Glosse zum Sächs. Lehnr. K. 69). Spuren von der Auffassung, daß ein Beweis adeliger Abstammung von väterlicher und mütterlicher Seite erfordert werde, finden sich erst seit der Entstehung der adeligen Kanonikate, der Turniere und der geistlichen Ritterorden. Auch wurde allmählich die Lehnsfolge der Reichsdienstmannen in gewisse Reichsgüter durch Nachweis von vier wirklichen Ahnen bedingt. (Kaiserrecht III., c. 5,

Zöpfl, Altertümer des deutschen Rechts Bd. 2 S. 228.) Doch sind die Erfordernisse in den einzelnen Domstiften sehr verschiedenartige gewesen, und auch die Turniermäßigkeit war keineswegs gleichmäßig festgestellt. Denn während nach dem zu Bamberg 1485 gefaßten Beschlusse erst die Urenkel aus der Ehe eines Adligen mit einer Unadligen zum Turniere zugelassen wurden (Göhrum, Geschichtl. Darstellung der Lehre von der Ebenbürtigkeit, Tübingen 1846, Bd. 1 S. 389), läßt die Handlung des Turniers zu Onolzbach aus demselben Jahre (Göhrum a. a. O.) schon die aus der Ehe einer Bürgerstochter mit einem Adeligen entsprossenen Söhne zum Turniere zu, falls ihre Mutter ihrem Ehemanne nicht unter 4000 Gulden zugebracht hätte.

Wenn aber auch dann in Theorie und Praxis der Begriff der Mißheirat bei hohem und niederem Adel gleichmäßig zur Ausbildung gelangte, so war doch der letztere nicht imstande, dieses Recht gegenüber dem Einflusse des römischen aufrecht zu erhalten, zumal die sozialen Verhältnisse zu Geldheiraten drängten. So ist schon im XVI. Jahrhundert der Satz allgemein in Theorie und Praxis anerkannt, der durch die Parömie Ritters Weib hat Ritters Recht zum Ausdruck gebracht wurde.

Und die allgemeine Rechtsauffassung wird, wie die zahlreichen von Göhrum a. a. O. Bd. 2 S. 177 beigebrachten Autoritäten ergeben, richtig charakterisiert in den Worten der Consilia Marpurgensia (1613 vol. 2 cons. IX Nr. 37):

> generali consuetudine receptum sit ut matrimonia inter nobiles viros et plebejae ac vilis conditionis personas contrahantur et liberi inde nati legitimi reputentur.

Nr. 47:

> ex patre nobili natos et ipsos esse nobiles, pro iisque habendos qui ex eadem nobili sint familia, etiamsi matrem plebejam fuisse constat.

Dieser zuletzt angeführte Grundsatz ist aber ebenso wie im Landrecht, so auch im Lehnrecht maßgebend geworden (Göhrum a. a. O. 2, 187). Freilich hat im achtzehnten Jahrhundert in der Theorie sich noch einmal eine strengere Richtung geltend gemacht (Göhrum a. a. O. 2, 198), doch ohne Einfluß zu gewinnen.

Selbst bei der Reichsritterschaft hat sich kein allgemeines Recht gegen Ehen mit nicht-ritterbürtigen Frauen ausbilden können. (Pütter, Über Mißheiraten, Göttingen 1796, S. 485.)

Die vom Kaiser 1718 bestätigte Fränkische Ritterschaftsordnung: „daß diejenigen Cavaliere, welche cum vili vel turpi persona sich ungebührlich verheirathete, an allen adlichen Freyheiten und Gesellschaften ipso facto excludirt seyn sollten; jedoch daß die determinatio super vilitate personae Ihro kais. Maj. vorbehalten bleibe" (Pütter a. a. O. 485) versteht unstreitig unter einer vilis et turpis persona nur eine wegen schlechten Lebenswandels übel beleumundete Person (Göhrum a. a. O. 2, 201).

Und Pütter a. a. O. 401 f. sagt mit Recht: „Die ritterbürtige Stiftsmäßigkeit . . . ist nichts weniger als in der ursprünglichen kirchlichen oder auch nur teutschen Verfassung gegründet."

Wenn der Unterschied auch noch bestehe, „so kann das auf die übrigen Grundsätze von der ursprünglichen Verschiedenheit der Geburtsstände . . zu deren Nachteile auf keine Weise zurückwirken". (Vgl. auch das Responsum der Göttinger Juristenfakultät v. J. 1770 bei Pütter, Auserlesene Rechtsfälle, Göttingen 1774, Bd. 2 S. 521.)

Für das heutige gemeine Recht gibt es aber keine irgendwie in Betracht kommende Autorität, welche einer mit einem dem niederen Adel angehörigen Manne verheirateten nichtadeligen Frau und den aus dieser Ehe erzeugten Kindern die vollen Rechte des adligen Vaters bestritte oder die volle Sukzessionsfähigkeit der letzteren bezweifelte.

Vgl. z. B. Runde, Grundsätze d. gem. d. Privatrechts § 376, 581^{b}; Mittermaier, Grunds. d. gem. d. Privatrechts § 66; Eichhorn, Einleit. in d. deutsche Privatrecht S. 172; Derselbe, deutsche Rechtsgeschichte § 447; Bluntschli, Deutsches Privatrecht § 20; Gerber, Deutsches Privatrecht § 265; Stobbe, Deutsches Privatrecht Bd. 1 S. 372; Gierke, Deutsches Privatrecht § 48; Zöpfl, Staatsrecht § 324; Rönne, Preuß. Staatsrecht § 308; Seydel, Bayr. Staatsrecht Bd. 1 S. 311; Lorenz, Genealogie, Berlin 1898, S. 223; Hauptmann, Wappenrecht, Bonn 1896, S. 146, 160.

2

Schon Telgmann, Von der Ahnenzahl, Frankfurt 1773, macht darauf aufmerksam, daß der Umstand, ob ein adliger Mann sich mit einer Standesgenossin verheiratet habe, von rechtlicher Bedeutung sein könne bei der Frage des Eintritts in deutsche Hochstifter (S. 131) und bei Ganerbschaften (S. 254), sowie bei Ritterorden (S. 192). Diese drei Punkte kommen indessen für die vorliegende Frage ebensowenig in Betracht, wie die etwaige Bedeutung standesgleicher Ehe bei Familienfideikommissen. (Vgl. Lewis, D. Recht d. Familienfideikomisse, Berlin 1868, S. 335, 352.) Wohl aber, ob in der Wartenslebenschen Familie in dieser Beziehung ein besonderes Familienherkommen existiere oder partikulare für die betreffende Familie maßgebende Gesetze vorliegen.

a

Von einem Familienstatute, wie ein solches von Pütter (Mißheiraten S. 486) für die adelige Familie Greifenclau angeführt wird, und welches Ehen der Familienmitglieder mit nicht-adeligen Personen verbietet, ist bei der Familie Wartensleben nichts bekannt und keine darauf bezügliche Urkunde in dem oben angeführten Werke des Grafen Julius von Wartensleben, welches alle die Familie betreffenden Urkunden enthält, mitgeteilt.

Allerdings erhellt aus diesem Buche, daß die Herren von Wartensleben fast ausschließlich sich mit Frauen von Adel vermählt haben. Aber einmal hat Zöpfl (Über hohen Adel, Stuttgart 1853, S. 209) sicher recht, wenn er es für gewiß hinstellt, daß eine noch so lange Reihe von Heiraten aus dem Adel einen „rechtlichen Zwang nicht auferlege“, keine Ehe mit bürgerlichen Personen zu schließen, und andererseits lassen die in dieser Beziehung keineswegs vollständigen Notizen des Stammbaumes erkennen, daß in der Zeit, wo nach der allgemeinen Rechtsauffassung Titular-Reichsgrafen nicht mehr zum hohen Adel gerechnet wurden, Grafen Wartensleben bürgerliche Frauen geheiratet haben.

So war Graf Ludwig Christian Heinrich Ferdinand (1767—1833) sogar zweimal mit einer bürgerlichen Frau — beide Töchter des Preußischen Kabinettsrates Moers — verheiratet (Stammbaum Nr. 132, vgl. Wartensleben Bd. 2 S. 227), Graf Alexander Wilhelm (1787—1824) mit Antonie Exner (ebendas. Bd. 2 S. 264). Daß aber die in Frage stehende Ehe des Grafen Leopold mit Mathilde Halbach-Bohlen im Einverständnis mit der Familie abgeschlossen wurde, dafür spricht, daß zwei Grafen von Wartensleben, der Kammergerichtsassessor Julius zu Berlin und der Leutnant im XVIII. Infanterie-Regiment in Posen Karl bei der Trauung als Zeugen fungiert haben und als solche ins Kirchenbuch eingetragen worden sind. (Der Trauschein a. a. O. Bd. 2 S. 285.) Auch war, da Graf Leopold zur Zeit seiner Eheschließung preußischer Leutnant außer Dienst, sein Vater preußischer Oberst außer Dienst in der Provinz Posen angesessen war, zur Ehe des ersteren in Gemäßheit von Preuß. Allgem. Landrecht (Teil II Tit. 1 §§ 45, 46) die Genehmigung des letzteren erforderlich, die also erteilt gewesen sein muß.

Nach diesen Ausführungen kann daher die Frage, ob, wenn familienstatutarische Anordnungen bei der Wartenslebenschen Familie bezüglich ebenbürtiger Ehen vorhanden wären, jenen noch eine rechtliche Geltung beigemessen werden dürfte, weil eine Autonomie des niederen Adels im allgemeinen nicht mehr anerkannt wird, füglich unerörtert bleiben.

b

Von partikularen auf die Eheschließung bezüglichen Gesetzen wird seitens der Schriftsteller (vgl. Struve, iurisprudentia heroica, Jena 1743, P. II. c. 2, § 15; Riccius, Zuverlässiger Entwurf von dem landsässigen Adel, Nürnberg 1735, S. 468; Göhrum a. a. O. Bd. 2 S. 202) beständig hingewiesen auf die Brandenburgische Konstitution von 1697, welche sich aber nur gegen die Ehe mit „Bauern und anderen gemeinen Töchtern“ wendet.

Dieses Gesetz ist aber nichtsdestoweniger deswegen von Bedeutung, weil aus ihm, einer Polizeiverordnung v. J. 1688, einem Preußischen Edikt v. J. 1739 und einem von 1793 die Normen des Allgemeinen Preußischen Landrechts Teil II Tit. 1 geflossen sind, welche für den Grafen Leopold als Preußen maßgebend waren, und von welchen die Praxis des Preußischen Obertribunals annahm, daß sie durch Art. 4 der Preußischen Verfassungsurkunde vom 31. Januar 1850 nicht aufgehoben seien. (Vgl. Rönne, Preuß. Staatsrecht § 108; Die Verhandlungen den Gesetzentwurf das Eherecht betr,, Berlin 1860, S. 278 ff., S. 290 ff.) Sie sind dann allerdings durch Gesetz vom 22. Februar 1869 aufgehoben worden, waren aber zur Zeit der Eheschließung des Grafen Leopold i. J. 1841 unzweifelhaft noch in Kraft. A. L. R. Teil II Tit. 1 § 30 bestimmt: „Mannspersonen von Adel können mit Weibspersonen aus dem Bauern- oder geringeren Bürgerstande keine Ehen schließen.“ Teil II Tit. 1 § 940: „Ehen, welche die Gesetze wegen Ungleichheit des Standes verbieten, werden, wenn sie ohne die erforderliche Dispensation geschlossen werden, ebenfalls für nichtig angesehen“, und Teil II Tit. 2 § 56: „Sind Ehen aus den Tit. 1 §§ 938—940 angeführten Gründen nichtig, so haben die daraus erzeugten Kinder die Rechte der Kinder aus einer Ehe zur linken Hand.“ Danach waren Ehen nichtig zwischen einem adeligen Mann und einer Frau des Bauernstandes — der Fall liegt hier nicht vor — und des niederen Bürgerstandes.

Zu letzterem konnte aber Mathilde Halbach-Bohlen nicht gerechnet werden, da ihr Vater Preußischer Konsul, also Staatsbeamter, Fabrikant und Kaufmann war.

Vielmehr gehörte sie dem höheren Bürgerstande an, zu welchem in bezug auf ungleiche Ehen im Landrechte gerechnet wurden (Teil II Tit. 1 § 31): „alle öffentliche Beamte (die geringeren Subalternen, deren Kinder in der Regel dem Kanton unterworfen sind, ausgenommen), Gelehrte, Künstler, Kaufleute, Unternehmer erheblicher Fabriken und diejenigen, welche gleiche Achtung mit diesen in der bürgerlichen Gesellschaft genießen.“

Es ist demnach als unzweifelhaft festzuhalten, daß die eheliche Tochter des Reichsgrafen Leopold aus seiner Ehe mit Mathilde Halbach-Bohlen, Karoline mit ihrer Geburt den Rang und Stand einer Reichsgräfin erhalten hat und geborene Reichsgräfin ist.

III

Es ist bekannt, daß die zahllosen Kontroversen über die standesgemäßen Ehen des in der Gesetzgebung des früheren Deutschen Reiches niemals so genannten und erst in dem Art. 14 der deutschen Bundesakten von 1815 so bezeichneten hohen Adels wesentlich auf der unklaren Fassung der Wahlkapitulation Kaiser Karls VII. Art. 22 § 4 beruhen. Denn wenn dieser dort verspricht, er wolle „noch auch denen aus ohnstrittig notorischer Mißheirath erzeugten Kindern eines Standes des Reichs oder aus solchem Haus entsproßene Herrens zur Verkleinerung des Hauses, die väterlichen Titular-Ehren und Würden beylegen, viel weniger dieselben zum Nachtheil der wahren Erbfolger und ohne deren besondere Einwilligung für ebenbürtig und successionsfähig erklären, auch, wo dergleichen vorhin bereits geschehen, solches für null und nichtig ansehen und achten", so ist damit freilich die Existenz einer rechtlichen Mißheirat anerkannt, indessen nicht gesagt, welche Ehen darunter zu verstehen seien. Und auch nachher ist diese Lücke niemals durch die Reichsgesetzgebung ausgefüllt worden. Aber auch die Sprüche der Reichsgerichte lassen bestimmte Prinzipien für die sichere Lösung dieser Frage nicht erkennen, zumal sie häufig genug lediglich durch politische oder konfessionelle Erwägungen bedingt waren.

Von den verschiedenen aufgestellten Ansichten können die zwei einander extrem gegenüberstehenden, wonach jede Ehe eines Hochadligen mit einer Nicht-Hochadligen als Mißheirat angesehen werden soll, und wonach auch die Ehe eines Hochadligen mit einer Bürgerlichen keine Mißheirat sei, hier unberücksichtigt bleiben. Denn einmal sind sie durch den Spruch des Schiedsgerichts als für das altgräfliche Haus Lippe unzutreffend festgestellt worden, andererseits können sie für die Frage, ob die Ehe eines Hochadligen mit einer Person des neuen niederen Adels Mißheirat sei, nicht in Betracht kommen, weil nach der ersten Ansicht auch die Ehe mit einer Person des alten niederen Adels Mißheirat ist, nach der anderen der Adel der Ehefrau überhaupt als unwesentlich erscheint. Ebenso bedarf aber auch die Meinung, welche zwar niederen Adel der Braut, aber nur freiherrlichen oder gräflichen für ausreichend hält, keiner Würdigung, weil die Gräfin Karoline von Wartensleben diesem Erfordernisse entsprechen würde.

Die Reihe der Schriftsteller, welche alten niederen Adel erfordern, ist eine keineswegs geringfügige. Zu ihr gehören außer den bei Göhrum a. a. O. Bd. 2 S. 292 Angeführten: Struben, Rechtl. Bedenken, Hannover 1763, Bd. 2 S. 506; Schnaubert, Lehnrecht, 1799, S. 407; Runde, Grundsätze d. deutschen Privatrechts, Göttingen 1829, § 580; Eichhorn, Deutsches Privatrecht § 292; Deutsche Rechtsgeschichte Bd. 4 § 563; Zachariae, Deutsches Staatsrecht Bd. 1 § 68 und in zwei Rechtsgutachten die Ebenbürtigkeitsfrage im Fürstl. u. Gräfl. Hause Lippe betr., Heidelberg 1875, S. 20. Anscheinend auch Kahl, Ebenbürtigkeit und Thronfolgerecht der Grafen zur Lippe-Biesterfeld, Bonn 1896, S. 3, 4, 8, 25.

Unter diesen herrscht aber wieder insofern keine Einigkeit, als die einen lediglich auf vier adlige Ahnen abstellen, die anderen auf acht oder gar sechzehn.

Kaum minder groß aber ist die Reihe derjenigen Schriftsteller, welche das Alter des Adels für gleichgültig erklären. So Myler von Ehrenbach, Gamologie, Stuttgart 1664, c. 5 sect. 1 § 8, der, wenn er für ebenbürtig eine Ehe erklärt, mit einer Frau antiquae praesertim prosapiae, wie schon Göhrum a. a. O. Bd. 2 S. 286, anerkennt, doch nicht bloß solche Ehen für ebenbürtig erachtet. Günderode, Abh. d. Teutschen Staatsrechts, Gießen 1743, S. 550; Häberlin, Handbuch des teutschen Staatsrechts, Berlin 1797, Bd. 3 S. 509; Danz, Handbuch des deutschen Privatrechts, Stuttgart 1802, § 580 Bd. 6 S. 265; Leist, Lehrbuch des teutschen Staatsrechts, Göttingen 1805, § 32; Gönner, Teutsches Staatsrecht, Landshut 1804, § 74; Gengler, Deutsches Privatrecht, Erlangen 1876, § 137 S. 488; Heffter, Sonderrechte d. d. souver. u. d. mediasierten Häuser Deutschlands, Berlin 1871, § 62; Zöpfl, Mißheiraten, Stuttgart 1853, S. 101; Derselbe, Staatsrecht Bd. 1 S. 633, 5. Aufl.; Stobbe, Deutsches Privatrecht § 213 verlangt bloß niederen Adel. Ebenso Schröder, Deutsche Rechtsgeschichte § 68 S. 788, Leipzig 1898.

Auch Gerichtserkenntnisse haben sich in diesem Sinne ausgesprochen.

So das Oberappellationsgericht zu München in einem Erkenntnisse vom 27. August 1841 (Seuffert, Blätter für Rechtsanwendung Bd. 11 S. 267), welches nur die Ehe eines Hochadligen mit einer Bürgerlichen für Mißheirat erklärt, und noch deutlicher ist das Erkenntnis des Preußischen Obertribunals vom 29. Januar 1846 (Präjudizien d. Geh. Ober-Tribunals Bd. 1 S. 137): „Nach den Grundsätzen des deutschen Privatfürstenrechts ist eine Ehe, welche von einem dem hohen Adel angehörigen Reichsgrafen mit einer Person niederen, wenn auch neuem Adel eingegangen wird, für eine Mißheirat nicht zu halten.“ Endlich erklärt das Erkenntnis des Reichsgerichtes vom 5. Dezember 1893 (Entsch. des Reichsger. in Civilsachen Bd. 32 S. 150) wie schon oben S. 6 angegeben die Ehe eines Hochadligen mit einer Frau des niederen Adels für keine Mißheirat, ohne auf das Alter dieses irgend ein Gewicht zu legen.

Zu den Vertretern der Ansicht, daß niederer Adel überhaupt genüge, müssen aber auch diejenigen gezählt werden, welche die Verleihung eines den hochadligen Familien gleichen Titels durch den Kaiser für ausreichend erklärten, was allerdings mit der von diesen Schriftstellern angenommenen Begriffsbestimmung des hohen Adels, welcher diesen auf den Titel abstellte, zusammenhängen mag. Eine reiche Reihe solcher Schriftsteller ist bei Göhrum (a. a. O. 2, 356 ff.) angeführt und selbst eine Deputation des Reichshofrates hat sich zu dieser Ansicht bekannt. (Pütter, Mißheiraten S. 280 f.) Namentlich mag hier Mosers Meinung angeführt werden. In seinem Familienstaatsrecht sagt er (Bd. 2 S. 153): „Was aber die Ehen eines Grafen mit einer von Adel, die nicht wenigstens ihre vier Ahnen nachweisen kan anbelangt, da kan ich nicht sagen, daß das Herkommen solchen Ehen favorisire und also dörffte, wenn keine Standes-Erhöhung hinzukommt, wohl nicht für die Successions-Fähigkeit dergleichen Kinder gesprochen werden"; aber unmittelbar darauf fährt er fort: „Ist eine Gräfliche Gemahlin gar unmittelbaren oder doch freyherrlichen (alt- oder neuerhaltenen) Standes, wird der Reichs-Hofrat eine solche Ehe . . nicht als unstandesmäßig behandeln." Was die Praxis der hochadligen Familien anlangt, so weisen diese keine Gleichmäßigkeit auf. In der von Moser (Familienstaatsrecht Bd. 2 S. 103) angeführten Geschlechtsvereinigung der damaligen Freiherrn von der Leyen v. J. 1661 wird allerdings nur eine Ehe mit einer „alten adelichen oder Herren-Standes-Person" für eine standesgleiche Ehe erklärt, in der Primogeniturordnung des altgräflichen Hauses Öttingen-Wallerstein Stiftsmäßigkeit für Köln, Eichstädt oder Augsburg (Pütter, Mißheiraten S. 305), und solcher Bestimmungen ließen sich noch viele aufführen. Aber in dem gleichfalls bei Moser mitgeteilten Limburgischen Erbvertrag von 1604 (Bd. 2 S. 103) wird nur eine Ehe mit „Bürgerin oder Bäuerin" für Mißheirat erklärt. —

Bemerkenswert sind aber auch die Mitteilungen, welche das Preußische Kronsyndikat über die Eheschließungen in der Schleswig-Holstein-Sonderburg-Augustenburger Familie gemacht hat. (Rechtsgutachten bezüglich der Herzogtümer Schleswig, Holstein und Lauenburg, Berlin 1866.) Hier heißt es S. 99: „Es sind danach im Verlaufe von etwa anderthalb Hundert Jahren (abgesehen von 2—3 bürgerlichen Ehen) zwanzig Heiraten mit adligen Damen mehrerteils zwar von guten bekannten Geschlechtern, wie z. B. von Dohna, die aber dennoch nicht zum hohen Adel zählen und von denen sich nicht einmal schlechthin behaupten lassen möchte, daß sie oder die betreffenden Zweige oder Personen zum stiftsmäßigen deutschen Adel gehörten, vorgekommen." Ja bezüglich der 1720 geschlossenen Ehe des Herzogs Christian August mit der Gräfin Daneskiold-Samsöe kann sogar mit Bestimmtheit behauptet werden, daß diese letztere nicht stiftsmäßig adlig war, denn sie war die Tochter eines natürlichen Sohnes von König Christian V. und der Tochter eines Arztes (oder Kammerdieners) Paul Mothe (Gutachten a. a. O. S. 98.).

Gehen wir jetzt zur Erörterung der streitigen Frage über, so wird diese zuerst im allgemeinen und dann für das Lippesche Haus im besonderen zu behandeln sein.

1

Was zunächst die Definition des „alten Adels" anlangt, so wird er von zahlreichen Schriftstellern mit Stiftsadel identifiziert, Uradel dagegen für solche Geschlechter gebraucht, die sich seit unvordenklichen Zeiten im Besitze des Adels befunden haben und so nur im Gegensatze zum Briefadel stehen, bei welchem der Adel durch urkundliche Verleihung zur Entstehung gekommen ist. Vgl. Telgmann, Von der Ahnenzahl, Frankfurt 1773, S. 53; Klüber, Öffentl. Recht des teutschen Bundes (1840) S. 370; Derselbe, de nobilitate codicillari, Erlangen 1788, S. 9; Eichhorn, Einl. i. d. deutsche Privatrecht S. 172; Beseler, D. Privatrecht § 169; Bluntschli, D. Privatrecht § 20; Stobbe, D. Privatrecht Bd. 1 S. 372; Gerber-Cosak, D. Privatrecht S. 51; Lewis, in Holtzendorff, Rechtslexikon Bd. 1 S. 44; Hoffmann, Das Recht d. Adels u. d. Fideikommisse in Bayern, München 1896, S. 58; Gierke, Deutsches Privatrecht Bd. 1 S. 409. Es läßt sich nicht verkennen, daß diese Begriffsbestimmung an Unklarheit leidet.

Was zunächst den Stiftsadel anlangt, so entbehrt er jeder festen Bestimmung, denn die Zahl der Ahnen ist bei den verschiedenen Stiftern eine durchaus ungleiche gewesen und einzelne Stifter stellten noch besondere Erfordernisse auf, wie denn z. B. ein Graf Manderscheid-Mutmak vom Trierer Domkapitel zurückgewiesen wurde, weil unter seinen Ahnen sich einige aus österreichischem Adel befanden. (Seuffert, Versuch einer Geschichte des teutschen Adels in den hohen Erz- und Domkapiteln, Frankfurt 1790, S. 223.) Und wenn Moser (Familienstaatsrecht Bd. 2 S. 136) als neueres Herkommen erklärt, daß Ahnenadel derjenige mit mindestens vier adligen Ahnen sei, so ist diese Fixierung ganz willkürlich, wohl der

Praxis der kaiserlichen Standeserhebungen entnommen, und stimmt jedenfalls mit den Statuten der deutschen Stifter nicht überein, von denen Köln beispielsweise 16 hochadlige Ahnen verlangte (Heffter, Sonderrechte S. 433), Straßburg für deutsche Kanonikate vier Generationen hohen Adels von väterlicher und mütterlicher Seite (ebendas. S. 439).

Besitzt so der Begriff des Stiftsadels in sich keine Geschlossenheit, so ist noch stärker zu rügen, daß für ihn die Bezeichnung alter Adel als gleichbedeutend gebraucht wird. Denn der Stiftsadel braucht gar nicht alt zu sein; zu ihm kann gehören, wer auch nur vier Ahnen nachweisen kann, also von jungem Briefadel abstammt.

Dazu kommt, daß bei dieser Einteilung des Adels der Stiftsadel als besondere Kategorie auftritt, während er doch zumal im evangelischen Deutschland seine frühere Bedeutung bald verloren hat, eine solche nur noch für einzelne partikulare Rechtsbildungen besitzt, und dem Sinne unseres Volkes und seiner Rechtsauffassung fremd geworden ist, umgekehrt aber eine andere Kategorie, die der altadligen Familie, gar nicht berücksichtigt wird. Denn diese fällt mit Uradel nicht zusammen, da auch alter Briefadel dazu gehört; sie kann nicht unter Ahnenadel subsumiert werden, da dieser nicht alt und umgekehrt ein Mitglied einer altadligen Familie nicht stiftsadlig zu sein braucht.

Und doch hat diese Kategorie in der Volksauffassung allein noch eine Begründung. Diese unterscheidet lediglich zwischen altem und neu verliehenem Adel und hat für jenen die Achtung, welche eine historische Familienstellung hervorruft. Ob aber dieser alte Adel eine Ahnenprobe zu führen vermag, ob in der Ahnentafel bürgerliche Frauen sich befinden, wird für ganz gleichgültig erachtet. (Vgl. auch v. Mühlverstädt, Carl Phil. v. Unruh. Vier Gutachten S. 19 f.) So ist es denn bei einer hochadligen evangelischen Familie erklärlich gewesen, wenn sie Bedenken empfand, falls ein Sproß sich mit einer neuadligen (d. h. von jungem Adel) Dame vermählen wollte, daß sie auf das Alter des Geschlechts, welches durch die männliche Abstammung bestimmt wird, nicht auf die adlige Qualität der weiblichen Vorfahren Gewicht legte.

Die Unbestimmtheit des Begriffes „Stiftsadel" ist schon stets empfunden worden (vgl. Moser, Reichsstaatsrecht Bd. 19 S. 322; Zöpfl, Mißheiraten § 64) und er deswegen für untauglich bei der Lehre von der Ebenbürtigkeit der Ehe angesehen worden.

So hat schon Batz (Entwicklung des Begriffes unstandesgemäße Ehe S. 122) nur zwischen den ritterbürtigen Geschlechtern des Mittelalters und den erst seit dieser Zeit geadelten Familien unterschieden und nur die Ehen reichsständiger Herren mit Frauen von Uradel (in diesem Sinne des Wortes) als standesgemäße angesehen wissen wollen.

Und dies ist auch die Meinung des Schiedsspruches, in welchem es S. 18 heißt: „Aber der Begriff des alten Adels im Sinne von Ahnenadel oder gar als gleichmäßig mit stiftsmäßigem Adel, ist überhaupt kein allgemeiner; vielmehr hängt es von den besonderen Bestimmungen der Partikularrechte, Statuten, Stiftungen ab, wie viele Ahnen, 2, 4, 8, 16 oder gar 32 nötig sein sollen, so daß die Annahme vieler Schriftsteller, mindestens vier Ahnen seien nötig, als willkürlich erscheint. Namentlich aber tritt in den vorliegenden Übungsfällen ein solches Erfordernis nicht bestimmt hervor und kann dadurch nicht ersetzt werden, daß in einzelnen Fällen das Vorhandensein vieler Ahnen erwähnt wird. Auf den Adel der Mutter und weiteren weiblichen Vorfahren kann es nicht ankommen, da jedenfalls bei dem niederen Adel ein Bürgerliche ausschließendes Reichsherkommen niemals bestanden hat, somit die Frauen durch den Eheabschluß den adligen Stand der Mutter erlangten."

Aus den gedachten Worten und den folgenden: „Ob aber nach dem Herkommen alter Adel im Sinne der Zugehörigkeit der Braut zu einem altadligen Geschlechte nötig war, oder ob selbst neu verliehener Adel genügte, wenn nur nicht die Wahlkapitulation von 1742 verletzt wurde, kann unentschieden bleiben, da wie festgestellt ist, Modeste von Unruh ein Mitglied des unstreitig altadligen Geschlechts von Unruh war" erhellt, daß das Schiedsgericht in der oben angeführten Stelle des Schiedsspruches alten Adel, der „vielleicht" in der Lippeschen Familie zur Ebenbürtigkeit erfordert würde, nicht mit Stifts- oder dem vielfach sogenannten alten Adel identifiziert. Denn bei diesem kommt es auf die weiblichen Vorfahren genau so wie auf die männlichen an, und bei Modeste von Unruh war es zur Zeit des Schiedsspruches wenigstens nicht gelungen, auch nur eine Notiz über ihre Großmutter beizubringen, wenn auch nachher der Geburtsschein ihres Vaters veröffentlicht worden ist. (Lippesche Tages-Zeitung vom 16. Dezember 1897; auch bei Pinsker, Der Lippische Schiedsspruch, Prag 1898, S. 35.)

Darum muß aber auch Kahl als der gleichen Ansicht beipflichtend angenommen werden.

Die Unbestimmtheit des Terminus alter Adel bewirkt aber auch, daß auf die Autoritäten, die ihn als Erfordernis der Ebenbürtigkeit aufstellen, nur geringes Gewicht gelegt werden kann. Nicht nur daß ihnen eine Reihe ebenso schwer wiegender Autoritäten und die Rechtsauffassung höchster deutscher Gerichtshöfe entgegengestellt werden kann: Was sie unter altem Adel verstehen, erhellt nicht deutlich bei allen, und Zöpfl (Zwei Rechtsgutachten die Ebenbürtigkeitsfrage betr., Heidelberg 1875, S. 59) macht mit Recht darauf aufmerksam, daß ihre Meinung und die der reichsgerichtlichen Erkenntnisse, welche von einer von beiderseits Eltern ritter- und stiftsmäßig geborene Person aus dem deutschen Reichsadel sprechen, auch dahin gedeutet werden dürfe, daß bei solchem Adel gewiß keine Mißheirat angenommen werden könne, ohne daß sie sich über die Frage des nicht-stiftsmäßigen Adels geäußert hätten. Zumal da die zahlreichen von Burgermeister (Graven- und Rittersaal, Ulm 1715, S. 441) angeführten Beispiele von Ehen zwischen Grafen und Herrn mit Frauen niederen Adels, die ohne Vorwurf der Mißheirat abgeschlossen worden sind, nicht erkennen lassen, ob sie mit Damen des alten oder neuen Adels eingegangen waren.

So wird man Heffter (Beiträge zum deutschen Staats- und Fürstenrecht, Berlin 1829, S. 32) beizupflichten haben, wenn er sagt: „Und in der Tat konnte, seitdem das alte, allerdings zum Teil auf unbescholtene Ahnen gegründete Geburtsstandssystem, nicht mehr fortbestand, durchaus kein Unterschied zwischen neuem und alten ahnerprobtem Adel hinsichtlich des Eherechts gemacht werden. Freilich die Vorteile der Stiftsmäßigkeit gingen durch Verbindungen mit neuem Adel verloren, daraus auf eine wahre oder arge Ungleichheit der Ehe schließen zu wollen, würde heißen eine Nebensache zur Hauptsache machen. Gab es doch reichsständische und landesherrliche Häuser, denen wegen ihrer Neuheit das Prädikat der Stiftsmäßigkeit nicht zukam." Dies letztere Moment wird auch schon von Moser (Familienstaatsrecht Bd. 2 S. 128) mit den Worten hervorgehoben: „Überhaupt ist unwidersprechlich, daß weder von einem neu-rezipierenden, noch von einem iure sanguinis etc. sukzedierenden Reichsstand in Comitiis, Circulis et Collegiis einige Ahnenprobe oder auch nur Vorlegung eines Stammbaumes erfordert werde." Und Schulze (in Holtzendorff, Enzyklopädie, Leipzig 1890, S. 1366) sagt: „Eine stiftsmäßige Ahnenprobe ist niemals ein Institut des deutschen Fürstenrechts gewesen."

Wie soll nun gerechtfertigt werden, wenn beim niederen Adel betreffs der Ebenbürtigkeit ein Erfordernis aufgestellt werden sollte, welches selbst beim hohen Adel keine Bedeutung besitzt?

Aber noch eine andere Erwägung führt zu demselben Ergebnisse. Schon ein Gutachten der Tübinger Juristenfakultät v. J. 1629 (bei Moser, Staatsrecht Bd. 19 S. 314 ff.) weist bezüglich der Stiftsmäßigkeit darauf hin, daß „was statuto vel iure singulari eingeführet seye, nicht auf andere Fälle, zumalen aber nicht auf die Sukzession gezogen werden könne".

Moser selbst (Familienstaatsrecht Bd. 2 S. 126 f.) bezeichnet es als „Abweg ex analogia der Canonicate, Thurniere usw. auf die Sukzession zu schließen", da doch was von diesen angeführt werde „nicht im allergeringsten einen Grund pto Successionis abgeben kann“ die Stiftsmäßigkeit sei durchaus verschiedenartig und „also eben doch der teutsche Adelstand sich nicht überhaupt nach diesen Dingen regliren leßet“.

Und auch Göhrum (a. a. O. 2, S. 293) erklärt mit Danz (a. a. O. T. 6 § 580 S. 265), daß die Unterscheidung von altem und neuem Adel dem gemeinen Recht ganz unbekannt sei, zumal die Privilegien, wodurch der alte Geschlechtsadel sich auszeichne, sich nur auf partikulare Rechtsnormen gründete. Existieren aber solche in der Lippeschen Familie?

2

Bei der Erörterung dieser Frage ist die Zeit vor 1853 von der nachherigen zu trennen.

a

Für die Zeit vor 1853 ist allerseits anerkannt, daß keine besondere hausrechtliche Norm des Gesamthauses Lippe betr. der ebenbürtigen Ehen existiert habe. Streitig dagegen war, ob der zwischen den Stiftern der beiden Linien Lippe-Biesterfeld und Lippe-Weißenfeld unter dem 14. August 1749 geschlossene Brüdervergleich im § 18 eine die Ebenbürtigkeit und die Sukzessionsfähigkeit allgemein regelnde und noch immer für die beiden Nebenlinien gültige hausgesetzliche Norm ausmache.

Der Wortlaut des angeführten § 18 besagt:

> „So haben wir festgestellt, daß, wenn jemand von Unsern Deszendenten eine Person, welche nicht gräflichen und geringeren als Freiherrlichen Standes wäre, ehelichen würde, dessen und deren Söhne der Sukzession unfähig sein sollten.“

Die Deutung dieser Bestimmung ist durchaus streitig; und zwar zunächst bezüglich der Personen „freiherrlichen Standes“, ob man darunter niedrigen qualifizierten Adel — so haben die Lippe-Weißenfelder Grafen im Schiedsstreit das Wort interpretiert — oder freiherrlichen hohen Adel (Laband, D. Streit über die Thronfolge im Fürstentum Lippe, Berlin 1890, S. 38; zweifelnd Weyhe-Eimke a. a. O. S. 248), wie solcher i. J. 1749 allerdings so spärlich existierte (Weyhe-Eimke a. a. O. S. 247), daß man kaum begreifen kann, wie der Brüdervergleich auf ihn besonders hätte Rücksicht nehmen sollen, oder Freiherren, die reichsunmittelbare Territorialgebieter waren (Reuling, Das Ebenburtsrecht des Lipp. Hauses, Berlin 1897, S. 92 ff.) zu verstehen habe.

Nicht minder streitig ist, ob man unter Personen „gräflichen Standes“, reichsständische Grafen (Laband a. a. O.) oder auch Titularreichsgrafen (Reuling a. a. O.) zu verstehen habe, für welche letztere Ansicht der

Umstand zu sprechen scheint, daß nach der communis opinio jener Zeit die Titular-Reichsgrafen zum hohen Adel gerechnet wurden, oder ob auch hier nur der Grafentitel als Qualifikation des niederen Adels gemeint sei.

Je nachdem man der einen oder anderen Interpretation beipflichtet, wird man die Ehe mit der Reichsgräfin Wartensleben als dem § 18 des Brüdervergleichs entsprechend behaupten können oder nicht. Aber zweierlei ist festzuhalten:

1. Von der Notwendigkeit alten Adels im Sinne von Stiftsadel ist in jenem § 18 nicht die Rede und wenn die Häupter der Biesterfelder und der Weißenfelder Linie in einem gemeinsamen Schreiben an den Fürsten von Lippe-Detmold vom 9. Juli/4. August 1853 die Erklärung abgegeben haben (Laband, Die Thronfolge im Fürstentum Lippe, Freiburg 1891, S. 27): „daß die im § 18 des brüderlichen Vergleichs von 1749 ausgesprochenen (Ebenbürtigkeitserfordernisse) uns als die einzig richtigen erscheinen, wobei es selbstredend ist, daß unter freiherrlichen Geschlechtern nicht neugeadelte, sondern alte von stiftsmäßigem Adel, also mit 16 Ahnen verstanden werden können und müssen," so ist dazu zu bemerken:

a) Die Zahl von 16 Ahnen ist eine ganz willkürliche.

b) Es wird von stiftsmäßigen Geschlechtern im Gegensatze zu neugeadelten gesprochen, nicht von Personen stiftsmäßigen Adels. Letztere sind nur solche, welche in ununterbrochener Folge von väterlicher und mütterlicher Seite ihren Adel nachweisen können, während der Charakter einer Familie als altadliger nicht dadurch alteriert wird, wenn auf weiblicher Seite unadlige Vorfahren vorkommen.

In dieser Beziehung bemerkt der Genealoge von Mülverstädt ausdrücklich und richtig (Vier Gutachten S. 19 f.):

> „Um ein Geschlecht oder eine bestimmte Person überhaupt als adlig nachzuweisen, gehörte also keineswegs der Nachweis, daß sie 16 adlige Ahnen habe und dazu gehört dies auch jetzt nicht. Eine Person aus adligem Geschlecht beweist ihren alten Adelstand durch ein Attest ihres Landesherrn und ihrer Standesherrn, daß ihr Geschlecht ein altadliges sei, gleichviel, ob ihr Vater oder Großvater die Ehe mit einer bürgerlichen Person geschlossen habe oder nicht. So wenig wie dadurch der Adel dieser Person alteriert wird, so wenig wird es auch der ihres ganzen Geschlechts."

Gewiß ist die Bemerkung Pinskers zutreffend (a. a. O. S. 45), daß der alte Adel auch Ahnen haben und sie beweisen müsse. Aber die Frage ist nur, ob die Qualität des alten Adels dadurch aufgehoben werde, wenn unter den Ahnen sich eine Frau bürgerlicher Geburt befinde. Und diese Frage ist zu verneinen. Ja es steht der Satz fest, den Walter (Deutsches Privatrecht § 456) mit Berufung auf Mittermaier aufstellt: „Ist auch nur bei einem Aszendenten ein Mangel, so daß er nicht von adliger Abkunft ist, so kommt die ganze Generation nicht in Betracht .. Wer hingegen von . . einem adeligen Vater und einer bürgerlichen Mutter stammt, macht die Generation nicht fehlerhaft."

c) Die Forderung wird nicht bezüglich einer Dame aus gräflichem oder gar reichsgräflichem Hause aufgestellt, bezüglich deren Moser (Familienstaatsrecht Bd. 2, S. 136) erklärt: „der schon vor der Ehe gehabte Grafen-Titul (ist) eine Salvegarde vor die Ahnen-Inquisition"; während derselbe für eine Freiin vier adlige Ahnen verlangt.

2. Vor allen Dingen aber ist hervorzuheben, daß der Schiedsspruch (S. 26) dem Brüdervergleiche überhaupt die Kraft einer hausgesetzlichen Norm aberkannt hat. Und da diese Meinung durchaus zutreffend erscheint, so ist es als rechtlich indifferent zu erachten, ob die Gräfin Karoline von Wartensleben den in dem Brüdervergleiche aufgestellten Erfordernissen genüge oder nicht, obgleich das erstere anzunehmen sein möchte.

Der Brüdervergleich interessiert hier vielmehr lediglich für die Frage, ob nach der Anschauung des Lippeschen Hauses alter im Sinne von Stiftsadel erforderlich gewesen sei, und diese ist zu verneinen.

Bezüglich der Ehen, welche im Laufe der Zeit in sämtlichen Lippeschen Linien mit Damen des niederen Adels, oder solchen, die heutiger Anschauung gemäß zu diesen gerechnet werden müssen (Gräfin Dohna, Gräfin Kunowitz) abgeschlossen worden sind, wird vielfach angegeben, daß letztere aus altadligem Geschlecht stammen (Schiedsspruch S. 33 ff.; Laband a. a. O. S. 19), daß das Geschlecht „als stiftsmäßig" anerkannt gewesen sei (ebendas. S. 23). Das kann aber nur bedeuten, daß nach heutiger Terminologie Uradel, alter im Gegensatz von neuem Briefadel vorliege, da ja, wie wiederholt hervorgehoben wird, die Stiftsmäßigkeit eine individuelle Eigenschaft ist, die einer Person sehr wohl fehlen kann, obgleich sie einem altadligen Geschlechte angehört.

Bei den meisten dieser Ehen wird aber, soweit ersichtlich, weder von denjenigen, die ihre Ebenbürtigkeit behaupteten, noch von denjenigen, die sie als Mißheirat angefochten haben, auf die geleistete oder nicht geleistete Ahnenprobe, die Stiftsmäßigkeit der Braut Bezug genommen, sondern höchstens auf die des Geschlechts, d. h. das Alter des Adels.

Allerdings hat bei der 1770 geschlossenen Ehe des Grafen Friedrich Wilhelm zu Lippe-Biesterfeld mit Elisabeth Johanna von Meinertshausen, die von neuem Briefadel war — ihr Großvater war erst 1748 geadelt worden und ihre Großmutter eine bürgerliche — (Schiedsspruch S. 38) die Erhebung der Braut in den Reichsgrafenstand, und bei der 1806 geschlossenen Ehe des Grafen Johann Karl zu Lippe-Biesterfeld mit Bernhardine von Sobbe, deren Vater erst geadelt worden war, die Erhebung dieser in den Reichsfreiherrnstand, bei jeder mit Erteilung von vier Ahnen väterlicher- und mütterlicherseits (Weyhe-Eimke a. a. O. S. 291; Pinsker a. a. O. S. 46) stattgefunden. Aber daraus erhellt zur Evidenz, daß zwar alter Geschlechts- nicht aber Ahnen (Stiftsadel) als bedeutungsvoll angesehen und daß der Mangel des ersteren durch die Reichsgrafen- oder Reichsfreiherrnwürde der Braut als behoben angesehen wurde.

Denn daß der Mangel stiftsmäßiger Ahnen auch durch die Verleihung solcher seitens des Kaisers, und heute des Landesherrn, nicht beseitigt werden könne, ist schon damals wie jetzt unzweifelhaft (vgl. Pütter, Über den Unterschied der Stände, Göttingen 1795, S. 133; Mittermaier, Grundſ. d. deutschen Privatrechts § 384; Lütgendorff-Leinburg, Familiengesch., Stammbaum u. Ahnenprobe, Frankfurt 1890, S. 78), und daß solche Titelverleihungen nicht hohen Adel zu verleihen imstande waren, ist schon 1770 und noch mehr 1806 ganz ausgemacht gewesen.

So ergibt sich also nach der Feststellung des Schiedsspruches, daß im Lippeschen Hause Ehen mit Frauen des niederen Adels als ebenbürtig anzusehen sind, Ahnenadel von väterlicher und mütterlicher Seite nicht erfordert worden ist, und daß selbst, wenn alter Adel erforderlich gewesen wäre, einmal die Gräfin Karoline Wartensleben diesem Requisite entsprochen haben würde, und andernfalls, daß bei ihr als einer Reichsgräfin von diesem Erfordnisse gar keine Rede sein konnte.

Zum Überfluß sei aber hier noch einmal ausdrücklich hervorgehoben, daß die Frage, ob im Lippeschen Hause zur Ebenbürtigkeit Stiftsadel erforderlich sei, durch den Schiedsspruch bereits entschieden und damit die Sukzessionsfähigkeit der aus der Ehe des Grafen Ernst mit seiner Ehefrau, geborenen Reichsgräfin von Wartensleben, erzeugten Söhne für das bis zum Jahre 1853 in der Lippeschen Familie geltende Recht unzweideutig festgestellt worden ist.

Denn indem das Schiedsgericht die im Jahre 1803 von dem Grafen Wilhelm Ernst von Lippe-Biesterfeld mit Modeste von Unruh geschlossene Ehe für ebenbürtig erklärte, obgleich kein Geburtsschein ihres Vaters beizubringen war und sich nicht einmal ermitteln ließ, zu welcher Linie des Unruhschen Geschlechtes er zu zählen sei und woher er stamme (Schiedsspruch S. 6), „daß vielmehr nur ‚überwiegende Gründe‘ dafür sprechen, daß er ein legitimes Mitglied der altadligen Familie von Unruh gewesen sei“ (ebendaſ. S. 7) und ausdrücklich hinzufügt: „dies würde allerdings nicht genügen . . wenn der Nachweis einer bestimmten Zahl von Ahnen nötig sein sollte" (ebendas. S. 9), weiter aber bemerkt wird: „es stehen nicht mehr als zwei adlige Ahnen der Modeste von Unruh fest, da es an jedem Anhaltspunkte dafür fehlt, wer die Mutter des Generals gewesen ist" (ebendas. S. 9), so hat das Schiedsgericht damit klar ausgesprochen, daß es auf Ahnenadel nicht ankomme.

Zwei adlige Ahnen aber besitzen die Söhne der Gräfin Karoline gleichfalls.

b

Am 10. Mai 1853 erließ der regierende Fürst von Lippe-Detmold folgende Deklaration:

Von Gottes Gnaden Wir Paul Friedrich Emil Leopold usw. urkunden hiermit:

In den beiden gräflichen Nebenlinien Unseres Hauses, nämlich der Lippe-Biesterfelder und der Lippe-Weißenfelder sind, nachdem sich dieselben weithin verbreitet haben, bei Eingehung von Ehebündnissen nicht immer die durch Standes- und Familienverhältnisse gebotenen Rücksichten beachtet worden, weshalb Wir uns dringend veranlaßt finden, zur Aufrechterhaltung des Ansehens und der Würde des Hauses hierin eine Beschränkung eintreten zu lassen. Wir erklären demnach vermöge des Uns als regierendem Familien- und Stammhaupte zustehenden Autonomierechts, daß hinführo jeder Ehe, welche ein Mitglied Unseres Hauses eingehen möchte, in Beziehung auf Familienrechte die Anerkennung versagt werden wird, wenn nicht bei Uns oder Unseren Nachfolgern in der Regierung der Consens zur Vermählung zuvor nachgesucht und ausgewirkt worden ist. Das Gesuch ist zunächst bei dem Chef der betreffenden Speziallinie anzubringen, welcher dasselbe mit Gutachten begleiten und zur höchsten Entschließung an Uns befördern wird.

Der Consens wird nur dann ertheilt werden, wenn sowohl die Standesmäßigkeit der Ehe als die Mittel zu einem standesmäßigen Unterhalt glaubhaft nachgewiesen werden.

Diese in Kraft eines Hausgesetzes von Uns erlassene Deklaration soll unter Unserer eigenhändigen Unterschrift und beigedrucktem Regierungssiegel den Chefs der beiden Nebenlinien, nämlich dem Herrn Grafen Julius zu Lippe-Biesterfeld und dem Herrn Grafen Gustav zu Lippe-Weißenfeld mit dem Ersuchen zugefertigt werden, die übrigen Mitglieder ihrer Speziallinien davon zur Nachachtung in Kenntniß zu setzen.

Gegeben Detmold, den 10. Mai 1853. (Laband a. a. O. S. 15.)

Nach dieser Deklaration sind zwar unkonsentierte Ehen der Familienglieder nicht als nichtig anzusehen. Denn es fehlt eine dahin lautende Bestimmung, und die Notwendigkeit des Konsenses des Familienhauptes zu Ehen der Familienglieder greift überhaupt nur da Platz, wo sie hausgesetzlich angeordnet ist (vgl. statt vieler: Heffter, die Sonderrechte a. a. O. S. 96), wohl aber werden für die Zukunft nicht-konsentierten Ehen die Standes- und Familienrechte abgesprochen.

Weiter wird nicht definiert, was eine standesgemäße Ehe sei, sondern die Entscheidung dem Ermessen des Familienhauptes überlassen (vgl. auch Handschreiben des Fürsten vom 10. Mai 1853 bei Laband a. a. O. S. 16), welches freilich nicht notorische Mißheiraten, d. h. solche mit Personen des Bürgerstandes für standesgleiche Ehen erklären kann, im übrigen aber bezüglich der Frage ob hoher Adel oder niederer, titulierter oder nicht titulierter, alter oder neuer genüge, um so unbeschränkter ist, als ja auch das Moment des standesgemäßen Unterhaltes in Betracht kommen soll. Das Urteil darüber aber schließt jede Begrenzung aus.

In Gemäßheit dieser Deklaration suchte Graf Julius zu Lippe-Biesterfeld im Jahre 1868 den Konsens zur Ehe seines Sohnes des Grafen Ernst mit Caroline Gräfin Wartensleben nach, worauf der Fürst zunächst privatim antwortete, daß er „keinen Grund sehe" seinen Konsens nicht zu geben, und unter dem 23. September 1868 amtlich urkundete:

„Hochgeborener Graf, Freundlich geliebter Vetter! Ew. Liebden haben in dem gefälligen Schreiben vom 11. d. Mts. Mir die Anzeige gemacht, daß Ihr ältester Sohn, der Graf Ernst Casimir Friedrich Carl Eberhard zu Lippe-Biesterfeld mit der Gräfin Caroline von Wartensleben sich ehelich zu verbinden beabsichtigen.

Um dem ausgesprochenen Wunsche zu genügen und in Berücksichtigung, daß Ew. Liebden Ihre Einwilligung zu dieser Ehe bereits gegeben haben, nehme ich keinen Anstand, Meinen Consens dazu hierdurch gleichfalls zu ertheilen.

gez. L. F. z. L." (Kahl a. a. O. S. 76.)

Damit war die Ebenbürtigkeit dieser Ehe seitens des Familienhauptes ausdrücklich anerkannt worden. Denn daß der Fürst sich vollkommen bewußt war, daß in der formellen Konsenserteilung auch die Anerkennung der Standesmäßigkeit der konsentierten Ehe liege, dafür zeugt das im Original vorliegende Schreiben, welches der Fürstliche Staatsminister von Oheimb unter dem 10. November 1857 an das Haupt der Biesterfelder Linie richtete, und welches lautet:

„Ew. Erlaucht beehre ich mich auf das geneigte Schreiben vom 30sten v. Mts. ganz ergebenst zu erwidern, daß der durchlauchtigste

Fürst, mein gnädigster Herr, gegen die beabsichtigte Vermählung des Herrn Grafen Leopold zur Lippe-Biesterfeld mit der Freiin von Taube zwar Nichts zu erinnern haben, jedoch Bedenken tragen, eine die Anerkennung der Ebenbürtigkeit dieser Ehe in sich enthaltende ausdrückliche Genehmigung derselben auszusprechen."

Aber die Genehmigungsurkunde zu der Ehe mit der Gräfin Wartensleben entbehrt der ministeriellen Kontrasignatur.

In dieser Beziehung weichen die verschiedenen Hausgesetze voneinander ab.

Das Bayerische Hausgesetz von 1819 Tit. II § 2 (Schulze, Hausgesetze Bd. 1 S. 338) verlangt Kontrasignatur des Staatsministers des Königlichen Hauses.

Das Hausgesetz für das Braunschweig-Lüneburgische Gesamthaus von 1836 § 3 (ebendas. 1, 489), sowie das Hannöversche von 1836 cap. 3 § 5 (ebendas. 1, 493) schriftliche Urkunde, welche von dem regierenden Herrn eigenhändig vollzogen und mit dem Staatssiegel sowie mit der gewöhnlichen Kontrasignatur versehen ist.

Die letztere wird nicht erfordert in dem Oldenburgischen Hausgesetze 1872 Art. 8 (ebendas. 2, 454), wo nur eine schriftlich nachzusuchende und zu den Akten des Staatsministeriums Departement des großherzoglichen Hauses schriftlich zu erteilende Genehmigung verlangt wird, dem sächsischen von 1837 § 93 (ebendas. 3, 254): förmliche Genehmigung in besonderer Urkunde, dem Waldeckischen von 1857 § 10 (ebendas. 3, 426): eigenhändig vollzogene und untersiegelte Urkunde.

Endlich begnügen sich mit ausdrücklicher Einwilligung: Württembergisches Hausgesetz 1828 Art. 18 (ebendas. 3, 515), Koburg-Gotha 1855 § 93 (ebendas. 3, 286) mit bloßer Genehmigung: Mecklenburg-Schwerin 1821 § 5 (ebendas. 2, 243), Hohenzollern 1821 § 9 (ebendas. 2, 764), Reuß 1844 (ebendas. 2, 356).

Wo eine ministerielle Kontrasignatur nicht besonders verlangt wird, versteht sie sich nicht von selbst und kann ihr Mangel nicht etwa die Nichtigkeit des fraglichen Aktes herbeiführen.

Denn eine ministerielle Kontrasignatur ist nur erforderlich für „Verfügungen in Regierungsangelegenheiten" (Gerber, Grundzüge des deutschen Staatsrechts, Leipzig 1880, S. 101 f.), „für landesfürstliche Regierungserlasse" (Zachariae, Deutsches Staatsrecht § 62), „für staatliche Akte des Monarchen" (Meyer, Staatsrecht § 84 S. 222). Hier aber handelt es sich um Akte, welche der Landesherr in der ihm als solchen zustehenden Stellung als Familienhaupt vornimmt, um Familien-, nicht um Staatsakte.

Daß die Deklaration vom 10. Mai 1853 lediglich einen Haus-, familienrechtlichen Charakter hat, ergibt sich deutlich aus dem Umstande, daß sie nie publiziert, sondern nur den Chefs der Nebenlinien zur Nachachtung mitgeteilt worden ist.

Daß aber die Konsenserklärung vom 23. September 1868 einen formellen Charakter hatte und nach dem Willen des sie erteilenden Fürsten haben sollte, erhellt aus einer Vergleichung mit dessen in derselben Angelegenheit vorher verfaßten privaten Schreiben.

Denn während er in diesem den Adressaten duzt und „lieber Julius“ anredet, bedient er sich in dem Schreiben vom 23. September der formellen Anrede: „Hochgeborner Graf, freundlich geliebter Vetter! Euer Liebden“ und nennt ihn „Sie“ (Kahl a. a. O. S. 76).

Auch aus der Lippeschen Verfassung vom 6. Juli 1836 ergibt sich nicht die Notwendigkeit einer ministeriellen Kontrasignatur für Akte der Hausgewalt des Landesherrn. Denn daß § 5 der Verf. v. 6. Juli 1836: „sowie auch die in den Hausverträgen begründeten Rechte der Erbherrlichen Linien unverändert bleiben,“ nicht die mindeste Beziehung zu der Form der seitens des Landesherrn ausgehenden Akte der Hausgewalt habe, ist offensichtlich. Andere auf die landesherrliche Familie bezüglichen Normen finden sich aber in der Verfassungsurkunde nicht vor.

B. und C.

Bestehen anderweite Gründe für die rechtliche Unbestreitbarkeit der Sukzessionsansprüche der Söhne des Grafen Ernst?

Ist die Fakultät, wie sie eben dargelegt hat, auch fest durchdrungen von der Schlüssigkeit des Beweises für die Ebenbürtigkeit der Ehe Seiner Erlaucht des Grafen Ernst, so weiß sie doch sehr wohl, daß oft gerade das, was nicht bestritten werden sollte, der Anfechtung mit Vorliebe und hartnäckig ausgesetzt wird. Sie hat deshalb zu untersuchen, ob noch anderweite Rechtsgründe dafür bestehen, das Thronfolgerecht der männlichen Deszendenz aus jener Ehe außer Streit zu halten, und ob vielleicht gar ein Untergang des Anfechtungsrechts und insoweit die Unangreifbarkeit jenes Sukzessionsanspruchs in dem höchsten Sinne, in welchem sie rechtlich hergestellt werden kann, festzustellen ist?

Diese Untersuchung ist aber undurchführbar, ohne daß die Fakultät — soweit möglich im engsten Anschluß an die ihr gestellte Frage — kritisch Stellung nimmt zu der Art und Weise, wie solche Sukzessionsstreitigkeiten wegen angeblicher Unebenbürtigkeit bestimmter Ehen tatsächlich geführt zu werden pflegen.

I. Diese Praxis leidet gleichzeitig an ganz ungebührlicher Überschätzung der Ebenbürtigkeitsfrage selbst, wie an Unterschätzung, ja zum Teile völliger Mißachtung, derjenigen rechtlichen Tatsachen, welche geeignet sind, den Defekt der Ebenbürtigkeit zu heilen oder die Ebenbürtigkeit selbst rechtlich außer Zweifel zu stellen, wie endlich an einer vollständigen Verkennung der Grundgedanken germanisch-deutscher Hausverfassung, die ja gerade in der Organisation der hochadligen Familien lebendig geblieben sind.

Da alle diese Streitigkeiten angeblich zu dem Zwecke geführt werden, gerade die Grundsätze dieses Hausrechtes — zu denen sie sich in tiefen Widerspruch stellen — zur Durchführung zu bringen, kann die Praxis diesen Sätzen nicht derogieren wollen und in der Tat nicht derogieren: sie ist eine consuetudo omnino irrationabilis gegenüber einem Rechte, das aufzugeben keines unserer hochadligen Häuser gewillt ist.

Entgegen den durchaus germanischen Grundideen der Hausverfassung des hohen Adels erscheinen seit langer Zeit die Sukzessions- in Gestalt der Ebenbürtigkeitsstreitigkeiten von einer ganz falschen Analogie beherrscht, die zwischen Thronsukzession und römischer Intestaterbfolge gezogen und durchgeführt wird.

An dieser Stelle haben sich die hochadligen Häuser — nicht ohne sich schwer zu schädigen, ihren Bestand zu erschüttern und in der Handhabung ihres Rechtes unsicher zu werden, ganz ihrer grundsätzlichen Abneigung gegen das römische Recht vergessend — romanistisch-privatrechtlichen Anschauungen zugewendet.

Es hatte dies die sehr üble Folge, daß Verhältnisse, wie Agnatenstellung und Sukzessionsrechte im fürstlichen Hause, deren öffentlich-rechtliche Natur immer schärfer und schärfer hervortrat, dauernd unter den Bann ganz unzulänglicher und an Unerträglichkeit rasch zunehmender Rechtsanschauungen gerieten, während gerade die gesunde Durchführung der Grundgedanken des Hausrechtes den Interessen des Staates ebenso vollständig entspricht, als ihre Verletzung bei Führung von Sukzessionsstreitigkeiten ihnen widerstreitet.

Es gilt das Recht gegenüber der sich von ihm abwendenden Praxis wieder zur vollen Herrschaft zu bringen.

II. Der Grundgedanken der Praxis ist folgender:

Wie bei der Intestaterbfolge die Blutsverwandtschaft mit dem Erblasser die einzige Grundlage des Erbanspruchs bilde, wie der Mangel der Verwandtschaft mit dem Erblasser nie geheilt, die Frage der Erbberechtigung also jederzeit wieder aufgerollt und die Erbschaft ihrem Besitzer wieder abgejagt werden könne, so sei die Abstammung aus ununterbrochen ebenbürtigen Ehen sozusagen die einzige Voraussetzung auch für die Thronsukzession, sei der Defekt der Ebenbürtigkeit wie der der Verwandtschaft schlechterdings unheilbar, und könne die Anzweifelung der Sukzessionsberechtigung wegen angeblichen Mangels der Abstammung aus nicht ebenbürtiger Ehe um so sicherer in infinitum geltend gemacht werden, als das Privatfürstenrecht keine Verjährung für dieses Anfechtungsrecht statuiert habe.

Diese Analogie aber ist in ihrer dreifachen Anwendung gleich unrichtig (s. III—V).

III. Daß es noch eine Reihe anderweiter Titel des Thronerwerbes gibt als die Blutsverwandtschaft mit dem Throninhaber vermittelt durch ebenbürtige Ehe, daß hier also das Blut lange nicht die Rolle spielt, wie bei der Intestaterbfolge, bedarf kaum der Erwähnung. Throngründung, Erbverbrüderung, Berufung auf den Thron infolge Aussterbens des regierenden Hauses, sind gerade so gute Titel wie das Geblütsrecht.

IV. Der Mangel der Ebenbürtigkeit aber und ebenso der Mangel der Abstammung aus unebenbürtiger Ehe sind von jeher ebenso heilbar gewesen, als es der Mangel der Blutsverwandtschaft bei der Intestaterbfolge grundsätzlich nicht war und nicht ist. Diese Tatsachen heilender Wirkung haben gegenüber nicht vorhandener Ebenbürtigkeit eine konstitutive, gegenüber vielleicht zweifelhafter Ebenbürtigkeit eine diese feststellende und gegenüber feststehender Ebenbürtigkeit eine den Rechtstitel verdoppelnde Wirkung. Die Ebenbürtigkeit ruht nicht nur auf derivativem, sondern auch auf originärem Erwerb.

Als Tatsachen — ausgestattet mit diesen Wirkungen — kommen in Betracht: das Staatsgesetz, das rechtskräftige Urteil, die Anerkennung des Hauses, sei es in Gestalt eines Aktes der Autonomie, sei es in Form publizistischen Rechtsgeschäftes, endlich der Thronerwerb, dessen heilende Kraft freilich nicht immer die gleiche ist, und der Erwerb unanfechtbaren Sukzessionsrechtes.

Es steht zur Untersuchung, ob und inwieweit eine Anfechtung der Sukzessionsberechtigung der Söhne des Grafen Ernst, gestützt allein auf die Behauptung der Unebenbürtigkeit der Gräfin Karoline von Lippe-Biesterfeld, geborene Reichsgräfin von Wartensleben, die Existenz solcher Gründe für den Untergang der Ebenbürtigkeitsfrage unbeachtet läßt?

1. Die Autonomie der fürstlichen Häuser war früher für ihr Land eine Rechtsquelle höchster Ordnung. Zwar wurden die Hausgesetze dem Kaiser zur Bestätigung vorgelegt, die dieser auch wohl einmal verweigerte. Aber innerhalb des Territoriums hatte die Familie

des Landesherrn in der Regelung ihrer rechtlichen Stellung zu Land und Thron keinen Konkurrenten. Waren ja doch, wie das Grundstück für den Eigentümer, so Land und Leute für den Landesherrn und sein Haus da!

Die gewaltige Änderung in der Auffassung von Staat und Volk und die Verwandlung aller Mitglieder des regierenden Hauses außer seinem Haupte aus Reichsunmittelbaren in Staatsbürger haben bewirkt, daß in den neueren Verfassungsstaaten Hausgesetze und Hausgebräuche jene Stellung einer Rechtsquelle höchster Ordnung eingebüßt haben. Zwar ist die Autonomie der regierenden Häuser neben der Staatsgesetzgebung als Rechtsquelle anerkannt. Allein nicht nur sind die wichtigsten Sätze des Hausrechts regelmäßig in die Verfassung übergegangen, demgemäß dem engen Geltungsgebiet und der Macht des Hauses entrückt, in Bestand und Abänderung auf den gewöhnlichen Weg der Verfassungsänderung gewiesen, sondern in allen seinen Satzungen hat das Hausrecht an der Verfassung und dem Staatsgesetz seine unverrückbare Schranke. Es vermag ohne besondere staatsgesetzliche Ermächtigung beiden weder erfolgreich zu widerstreiten, noch sie abzuändern. Man vgl. z. B.: Heffter, Sonderrechte S. 83; Schulze-Gävernitz, in v. Holtzendorffs Enzyklopädie I S. 1361.

Ganz zweifellos ist es eben im Gegensatze zu früher an erster Stelle nicht mehr das Haus, sondern der Staat, der für die Sicherheit der Thronfolge zu sorgen hat. Wie er der Rechtsunsicherheit vorbeugt, ist allein seine Sache. Will er den Weg der Landesgesetzgebung betreten, so kann ihn niemand hindern. Der Agnat, den das rite zustandegekommene Verfassungsgesetz für folgeberechtigt erklärt, ist folgeberechtigt: alle Defekte in seiner Person sind damit ipso iure geheilt. Sollte das Gesetz ein näheres Anrecht an den Thron ignorieren, so muß sich der zurückgesetzte Agnat den Verlust seines Sukzessionsrechtes gefallen lassen. Es gibt keine Legitimität eines Untertanen gegen ein gültiges Gesetz!

Nun ist freilich die Lippesche Verfassung vom 6. Juli 1836 (s. die Landesverordnungen des Fürstentums Lippe Bd. VIII, 1844, S. 182 ff.) wie oben schon ausgeführt (s. S. 28), ganz ungemein unvollständig und enthält allgemeine Bestimmungen über die Sukzessionsberechtigung gar nicht.

Und doch ist eine der wenigen heute noch in Kraft stehenden Satzungen der Verfassung, nämlich § 5 Abs. 3, auch für die Sukzessionsberechtigung der Söhne des Grafen Ernst von Bedeutung.

Bei Erlaß jener Verfassung handelte es sich wesentlich um die Zusammensetzung der Stände. Nun war durch den Vertrag vom 22./24. Mai

1762 § 5 von dem damals regierenden Grafen zu Lippe-Detmold dem Grafen zu Lippe-Biesterfeld und seiner Linie „die Beschickung des Landtags als Erbherrn billiger und unbegehrtermaßen zugestanden". (Laband, Thronfolge S. 66.)

Erst wenn jene Linie ausgestorben oder zur Regierung gelangt sei, solle die Weißenfelder Linie das gleiche Recht üben.

Gerade auf die Erbherrlichkeit, d. h. auf die Sukzessionsberechtigung gegenüber der Hauptlinie, ward dies Recht der Beschickung des Landtages begründet.

Wenn nun anläßlich der Verfassungsgründung Graf Wilhelm Ernst zu Lippe-Biesterfeld im Jahre 1836 beim regierenden Fürsten von Lippe-Detmold beantragte, in den Abschnitt der Verfassung über die Landstände am Schlusse des § 5 die Worte aufzunehmen: „sowie auch die in den Hausverträgen begründeten Rechte der Erbherrlichen Linien unverändert bewahrt bleiben" (Kahl, Ebenbürtigkeit und Thronfolgerecht S. 79 ff.), so kann dieser Antrag nur als in seinem und seiner Söhne Interesse gestellt verstanden werden.

Es hat nun Fürst Leopold durch Dekret vom 30. Juni 1836 den Ständen diesen Antrag zur Begutachtung übersendet und beigefügt, daß die Aufnahme dieses Zusatzes in die Verfassung „unbedenklich" erscheine. Die Stände haben in ihrer Rückäußerung vom 2. Juli 1836 den Zusatz sogar für „ganz unbedenklich" erklärt. Er hat dann Aufnahme in die Verfassung gefunden.

Somit ist durch die Verfassung ausdrücklich und feierlich die Biesterfelder Linie in ihrem Bestande von 1836 als „erbherrliche Linie" anerkannt, die als solche berechtigt sei, den Landtag zu beschicken.

Derselbe Graf Wilhelm Ernst aber hatte ja gerade mit Modeste von Unruh sich 1803 vermählt. Aus dieser Ehe waren drei Söhne vorhanden. Weitere männliche Glieder zählte damals die Linie nicht. Wären diese damals nicht als sukzessionsberechtigt angesehen worden, so hätten sicher weder Fürst Leopold noch die Stände den gerade vom Grafen Wilhelm Ernst beantragten Zusatz für unbedenklich erklärt.

Und so ist doch die Auslegung der Verfassung nach unserer Überzeugung die richtige, wonach in ihr allerdings eine gesetzliche Anerkennung der erbherrlichen Eigenschaft des Grafen Wilhelm Ernst und seiner Deszendenz enthalten ist.

Daß aber die Gemahlin des Grafen Wilhelm Ernst nicht dem hohen Adel angehört hat, war in Lippe allgemein bekannt. Wenn die Verfassung dennoch die Deszendenz dieser Ehe als Glieder der erbherrlichen Linie implicite anerkennt, so liegt darin eine Anerkennung der höchsten Gesetzgebungsgewalt des Landes, daß zur Erbherrlichkeit, also zur Sukzessionsfähigkeit, nicht Abstammung aus einer Ehe mit einer Dame hohen Adels erforderlich sei.

Damit war die Frage nach der Ebenbürtigkeit der Modeste von Unruh von Gesetzeswegen vollständig erledigt.

Vielleicht wendet man dagegen ein, was übrigens des Beweises noch bedürfte, man habe damals in Lippe allgemein geglaubt, Modeste von Unruh entstamme einem altadligen freiherrlichen Geschlechte, während sie eine Freiin ja nicht gewesen sei. Solche Irrtümer im Motive tun, wie allgemein anerkannt ist, der Gültigkeit eines Gesetzes nicht den geringsten Abtrag!

Aber selbst, wenn man sich auf den Standpunkt des Einwandes stellt, würde die verfassungsmäßige Anerkennung der Ehe von 1803 mit Notwendigkeit auch der Ehe des Grafen Ernst mit Karoline von Wartensleben zugute kommen. Die Gräfin gehört ja dem alten, und mehr als dem freiherrlichen, nämlich dem reichsgräflichen Stande an.

Es steht also der Anzweifelung auch dieser Ehe in der Tat die zitierte Satzung der Lippeschen Verfassungsurkunde entgegen.

2. Durch rechtskräftiges Urteil im Sukzessionsstreit, auch wenn es zugunsten des früher Nicht-Berechtigten gefallen wäre, wird die anerkannte Sukzessionsberechtigung der Anfechtbarkeit durch die unterliegende Linie definitiv entzogen. Dieser Rechtsgrund läßt das Anfechtungsrecht untergehen: es ist verbraucht. Ne bis in idem! Für den Lippeschen Sukzessionsstreit gibt es nun keinen Staatsgerichtshof weder in Lippe selbst, noch im Reiche. Ob aber der Schiedsspruch vom 22. Juni 1897 in dem Streite um die Sukzessionsberechtigung des Grafen Ernst Rechtskraft macht, auch zugunsten seiner Söhne, das soll in dem letzten Abschnitt des Gutachtens besonders untersucht werden (s. S 43 ff.).

3. In zwei Schriften zum Lippeschen Thronfolgestreit: Laband, Die Thronfolge im Fürstentum Lippe, Freiburg 1891, S. 38; Derselbe, Der Streit über die Thronfolge im Fürstentum Lippe, Berlin 1896, wird darauf hingewiesen, daß der Thronerwerb unebenbürtige Abstammung zweifellos heile: die Ebenbürtigkeitsfrage sei dadurch ganz bedeutungslos geworden.

Deshalb wird behauptet, es nehme das Haus Schaumburg-Lippe trotz seiner Abstammung aus der Ehe des Grafen Friedrich Ernst von Lippe-Alverdissen mit der zweifellos nicht dem hohen Adel angehörigen Philippine Elisabeth von Friesenhausen eine ganz andere Stellung ein als die beiden anderen Lippeschen Nebenlinien. Das Haus Lippe-Schaumburg sei durch

Erwerb der Landeshoheit über die Grafschaft Schaumburg „unter die souveränen europäischen Häuser“ aufgestiegen und diese Häuser seien alle einander ebenbürtig.

Seit dem Erscheinen dieser Schriften, deren Hinweis auf das Verhältnis von Ebenbürtigkeit und Thronerwerb als wissenschaftlich verdienstlich zu erachten ist, ist Graf Ernst von Lippe-Biesterfeld unanfechtbarer Thronerbe für Lippe-Detmold geworden und jeder Tag kann ihm den Fürstenhut dieses Landes selbst bringen.

Es fragt sich, ob diese rechtlich unanfechtbare Fixierung der Stellung des Grafen vielleicht auch das Sukzessionsrecht seiner Söhne ipso iure der Bestreitbarkeit enthoben hat?

Hier ist zu scheiden.

Der Thronerwerb — wenn von dem noch nicht legitimierten Usurpator abgesehen wird — ist für den Erwerber ein definitiver, unwiderruflicher. Semel princeps semper princeps!

Das Gleiche gilt von dem unbedingt und in unanfechtbarer Weise erworbenen Thronfolgerecht.

Der Thronerwerb macht also die Frage der Abstammung des Thronerwerbers aus ebenbürtiger Ehe vollständig **gegenstandslos**. Würde nach der Thronbesteigung eines Fürsten dessen Herkunft aus ganz unebenbürtiger Ehe zur Evidenz nachgewiesen, so hätte das auf sein Kronrecht gar keinen Einfluß. Der Besitz der Staatsgewalt macht ihren Inhaber dauernd zum vollauf qualifizierten Besitzer. Daß dem auch die Anschauung des Reichstags zur Zeit des früheren deutschen Reichs entsprach, bezeugt **Moser**, Teutsches Staatsrecht Th. XIX. S. 322: „Vielmehr weißt man ja, daß z. E. der Fürst Piccolomini und Hertzog von Marleborough im Reichs-Fürsten-Rath zu Sitz und Stimme admittirt worden sinnd, ob selbige gleich mit keinen fürstenmäßigen Ahnen aufkommen konnten. Auf gleiche Weise wurden die Grafen von Holtzapfel und Wartenberg recipirt, deren jener eines Dorff-Schultzens Sohn war, und dieser eine bürgerliche Person und Witwe zur Ehe hatte.“

Thronerwerb ist eben unbedingter Ebenbürtigkeitserwerb für jeden, der die Ebenbürtigkeit bisher nicht besessen hat.

Das gilt natürlich auch vom Graf-Regenten von Lippe zurzeit schon. Selbst wenn er nicht ebenbürtig geboren wäre, stände seine Ebenbürtigkeit jetzt außer allem Zweifel.

Nie aber wird durch den Thronerwerb der Mangel der Ebenbürtigkeit in einem bestimmten Hause geheilt.

Stammt der neue Erwerber eines Thrones, wie der Herr von Lippe-Alverdissen bei Erwerb eines Teiles der Grafschaft Schaumburg, aus fürstlicher Familie, so kann er, falls er bisher nicht Agnat dieser Familie war, unmöglich dadurch die Agnatenschaft erhalten. Er wird diesen Agnaten zwar ebenbürtig, aber nicht auf Grund des Hausrechts, sondern auf Grund des Rechtssatzes, daß Souveräne und souveräne Häuser einander ebenbürtig sind. Als Herr von Schaumburg erwirbt er kein Recht auf Sukzession in Lippe, was er nicht vorher als Mitglied des Lippeschen Hauses gehabt hat.

Daraus erhellt auch, daß es sich bei den Schaumburgischen Ansprüchen auf Sukzession in Lippe nicht um ein Recht des Staates Schaumburg gegen den Staat Lippe handeln kann. Linien desselben Fürstenhauses desselben Staates bestreiten einander das Sukzessionsrecht. Solche Streitigkeiten auf dem Boden des Hausrechtes und allein auf diesem sind aber zweifellos nicht „Streitigkeiten zwischen verschiedenen Bundesstaaten", sondern interne Streitigkeiten der Lippeschen Fürstenfamilie, an deren Lösung allein der Staat Lippe interessiert ist.

Es trifft den Kern der Sache, wenn Fürst Leopold von Lippe am 4. Juni 1833 sich dahin äußerte: „Dieser Besitz (von Schaumburg) hat jedoch mit dem Fürstentume nichts gemein und äußert auf die bestehende Lippesche Haus- und Landesverfassung nicht den mindesten rechtlichen Einfluß. In der Person des Fürsten zu Schaumburg-Lippe muß demnach die zweifache Rechtseigenschaft eines souveränen Besitzers der halben Grafschaft Schaumburg und eines Lippeschen Erbherrn und Paragialbesitzers des Amtes Blomberg wesentlich voneinander unterschieden werden." (S. Kahl, Ebenbürtigkeit und Thronfolge S. 58.)

Kein Thronerwerber wird eben durch den Erwerb der Ebenbürtigkeit Agnat irgendeines anderen Hauses als seines eigenen. So ist der Erwerb der Schaumburgischen Herrschaft für die Entscheidung der Lippeschen Sukzessionsfrage ohne alle Bedeutung. Denn nicht um die Ebenbürtigkeit mit dem Fürsten von Lippe, sondern um den spezifisch familienrechtlichen Titel derselben handelt es sich, und mit diesem hat die Landeshoheit in Schaumburg nichts zu tun.

Während aber der **Throngründer** für sich und seine Familie — auch für die schon früher geborenen Söhne — die Ebenbürtigkeit erwirbt, und dies ganz analog vom Erwerber der Grafschaft Schaumburg behauptet werden muß, ist das anders bei dem Sukzessor nach Hausrecht. Dieses allein entscheidet dann — soweit nicht staatsgesetzliche Bestimmungen vorhanden sind oder nachher erlassen werden — über die Ebenbürtigkeit der Ehe und der Deszendenz des neuen Thronerwerbers. Die Ebenbürtigkeit der Ehe und der Söhne des Graf-Regenten folgt also nicht ipso jure aus der Feststellung seines unbestreitbaren Sukzessionsrechtes.

4. Weitaus die regelmäßigste Form der Heilung fehlender, der Feststellung vielleicht zweifelhafter Ebenbürtigkeit ist seit langer Zeit die Anerkennung seitens der dafür zuständigen Stelle.

Es ist allgemein bekannt, daß nach der Wahlkapitulation Kaiser Karls VII. von 1742 Art. XXII § 4 selbst bei notorischer Mißheirat der Kaiser, wenn das ohne Beeinträchtigung von ebenbürtig geborenen Agnaten geschehen konnte, das Recht besaß, den aus jener Ehe erzeugten Kindern eines Standes des Reichs die Ebenbürtigkeit und Sukzessionsfähigkeit zu verleihen. Hätte diese Verleihung aber die genannten Agnaten beeinträchtigt, so bedurfte der Kaiser dazu „deren besondere Einwilligung“.

Der Streit, ob zur Zeit des alten Reichs auch der Konsens der Agnaten allein den Defekt zu heilen vermochte, ist vollständig gegenstandslos geworden. Daß heute die Häuser selbst ohne jede Konkurrenz das Recht besitzen, durch einmütigen Konsens der Agnaten den Mangel zu heilen, sollte nicht bezweifelt werden und wird ja auch von weitaus den meisten wissenschaftlichen Autoritäten anerkannt. Das Haus allein entscheidet über die Ebenbürtigkeit im Hause.

Diese Anerkennung des Hauses aber ist der Ehe des Grafen Ernst mit Reichsgräfin Karoline von Wartensleben — wie oben schon betont und in der Folge noch etwas näher zu beleuchten ist — in vollem Umfang zuteil geworden. Das Haus hat damit ihre Unbestreitbarkeit nach Hausrecht anerkannt.

Wenn dennoch auch jetzt wieder im Lippeschen Hause, wie das früher so vielfach in andern Streitigkeiten um die Ebenbürtigkeit geschehen ist, Glieder des Hauses lange Zeit nach jener Anerkennung mit dieser praktisch in Widerspruch treten, so läßt sich dies auch bei der günstigsten Auslegung doch nur daraus erklären, daß sich eine ganze Anzahl von Irrtümern, die wesentlich in der durchaus falschen Analogie zwischen Sukzessionsstreit und Intestaterbstreit entspringen, sich miteinander verwoben haben. Um das Gewebe aufzulösen und das Richtige an Stelle des Irrtümlichen zu setzen, sei uns gestattet, den Streit um die Ebenbürtigkeit im Lippeschen Hause überhaupt zu streifen.

V. Im Jahre 1895 ist Fürst Woldemar von Lippe-Detmold gestorben und Fürst Alexander als letzter, aber regierungsunfähiger Agnat des regierenden Hauses ihm sukzediert. Mit dem Tode dieses Fürsten stirbt das regierende Haus aus. Und im Hinblick auf dieses Ereignis erhebt sich ein Streit über die Ebenbürtigkeit von zwei Ehen, deren eine — die mit Modeste von Unruh — im Jahre 1803, die andere — die mit der Gräfin von Wartensleben — im Jahre 1869 geschlossen worden ist. Dem Angriff folgt die Notwehr durch Hinweis auf die Ehe des Grafen Friedrich Ernst von Lippe-Alverdissen mit Elisabeth von Friesenhausen aus dem Jahre 1722 und die Behauptung, wenn die beiden eben erwähnten Ehen des Biesterfelder Hauses unebenbürtig seien und die Linie somit der Sukzessionsfähigkeit ermangele, dann befinde sich die Linie Lippe-Alverdissen, jetzt Lippe-Schaumburg, in gleich ungünstiger Lage. Und ebenso ernst wie der Angriff wird der Gegenangriff genommen.

Nach unsrer Überzeugung aber gibt es heute keinen Deszendenten des Lippeschen Hauses und noch viel weniger jemanden außerhalb desselben, der irgendwie legitimiert wäre, die Ebenbürtigkeit jener drei Ehen oder auch nur eine von ihnen rechtlich in Frage zu ziehen und zu bestreiten.

1. Es ist durchaus unwahr, daß wie das Intestaterbrecht erst entsteht im Augenblick des Todes des Erblassers, analog auch das Sukzessionsrecht erst im Augenblicke der Thronerledigung ins Dasein trete.

Das Thronfolgerecht ist nur einzelner Bestandteil einer ganzen Gruppe von Rechten, die in der Zugehörigkeit zum Hause im Sinne der konkreten Hausverfassung wurzeln. Es ist das bedeutsamste der Mitgliedschaftsrechte am Hause, aber nicht anders geartet wie sie alle — aus der Verbindung mit ihnen ganz unlösbar! Das Haus ist kein genealogischer, sondern ein Rechtsbegriff. Es kennt keine halben Mitgliedschaften, es ist die Einheit seiner vollberechtigten Glieder. In diesem Kreise stehen nicht nur die Agnaten, sondern auch die Frauen, die durch Geburt oder Heirat Glieder des Hauses werden.

Diese Rechte werden stets erworben im Moment des Eintrittes in das Haus: sie sind Rechte de praesenti, nicht bloß Anwartschaften auf Rechtserwerb. Dies gilt auch vom Sukzessionsrecht. In der abgeschwächten Form der Sukzessionsfähigkeit besitzt es jeder Agnat von dem ersten Augenblick seiner Zugehörigkeit zum Hause: der Kronprinz ist aber vom gleichen Zeitpunkt an sofort unbedingt thronfolgeberechtigt, der nächste Agnat, der nicht Kronprinz ist, besitzt das gleiche Recht vom Eintritt in diese Stellung, aber nur bedingt, falls die Geburt eines Kronprinzen noch als möglich erscheint.

Es gibt also wohl einen Streit über Mitgliedschaft oder Nichtmitgliedschaft, aber keinen isolierten Streit über die Thronfolgefähigkeit eines Agnaten. Alle Ebenbürtigkeitsstreitigkeiten sind Streitfälle über die Mitgliedschaft am Hause. Für die Anfechtung der Ebenbürtigkeit kann also kein anderer Zeitpunkt zulässig sein, als für die Anfechtung der Mitgliedschaftsrechte überhaupt.

Und der einzige dafür gegebene Zeitpunkt ist der ihrer Gesamtentstehung.

Diese Rechte im Hause und gegen das Haus sind nicht denkbar ohne daß gleichzeitig — freilich bald in größerem, bald in kleinerem Umfange — Pflichten der übrigen Glieder und des Hauses selbst zur Entstehung kämen. Das ganze Haus wird durch den Eintritt jedes neuen Mitgliedes in Mitleidenschaft gezogen: es ist alsbald zur Entscheidung berufen, ob es die Entstehung dieses Rechtsverhältnisses anerkennen will oder nicht.

Anerkennung oder Nichtanerkennung sind aber streng juristischen Charakters. Pflegen die fürstlichen Häuser auch bei ihrem Verhalten nicht scharf zwischen autonomischen und rechtsgeschäftlichen Akten zu unterscheiden, so ist doch unverkennbar eine Anerkennung des neuen Mitgliedes gemäß dem Hausrecht nur rechtsgeschäftlicher Akt, und zwar Eintritt in die dem Hause und seinen Gliedern erwachsenen Pflichten und Verzicht auf die Anfechtung der Rechte des neuen Mitgliedes, eine Aufnahme aber in bewußter Abweichung vom Hausrecht ist ein autonomischer Akt.

Diese Akte brauchen nicht in Gestalt von Kollektivbeschlüssen, sie können gerade so gut durch inhaltlich übereinstimmende Einzelakte, sie brauchen nicht ausdrücklich, sie können gerade so gut durch konkludente Handlung kundgegeben werden. Es ist auch durchaus denkbar, daß das Haupt des Hauses sie namens des Hauses vornimmt. Dies alles gilt wie von der Anerkennung auch von der Nichtanerkennung. Der Agnat aber, der sich von neuen Pflichten freihalten will, muß dies unbedingt irgendwie kundtun, und geschähe es auch nur dadurch, daß er der Ehefrau seines Genossen den Titel, der die weibliche Hausgenossenschaft bezeichnet, verweigert. Der rein passive Nichtwiderspruch muß als Anerkennung gelten.

Das Haus aber, dem diese Anerkennung oder Nichtanerkennung obliegt, ist die Gesamtheit der volljährigen Agnaten, die zur Zeit des Eintritts oder seines Bekanntwerdens dem Hause angehören, steht aber die Anerkennung allein dem Haupte zu, dann das Haupt des Hauses zu jener Zeit. Denn Genosse gerade dieser Mitglieder will und soll ja der Eintretende werden. Andere Subjekte dieses Aktes sind undenkbar. Wie die Autonomie diesen Personen zusteht, so haben auch sie allein jederzeit die übrigen das Haus als Ganzes betreffenden Entscheidungen zu finden!

Handelt es sich also um die Eheschließung eines Agnaten mit einer Dame außerhalb des Hauses, so muß sich das Haus schlüssig machen, womöglich vor Abschluß dieser Ehe, ob es dieselbe als eine konsentierte und als eine ebenbürtige zu betrachten habe. War dem Hause die Wahrung seiner Rechte zu dieser Zeit unmöglich, dann hat es sobald als tunlich, insbesondere alsbald nach Kundwerden der abgeschlossenen Ehe, das ohne seine Schuld Versäumte nachzuholen.

An Stelle einer festen Frist tritt hier ein tempus utile: dieses aber ist wahrzunehmen.

Daß man dies auch im Lippeschen Hause klar eingesehen hat, dafür spricht unter anderem das Vorgehen der Biesterfelder und der Weißenfelder Agnaten gegen die 1785 geschlossene Ehe des Grafen Ludwig Heinrich zu Lippe-Biesterfeld mit Fräulein Kellner alsbald nach der Eheschließung 1786 (Weyhe-Eimke, Die rechtmäß. Ehen S. 256 ff.; kürzer bei Kahl, Ebenbürtigkeit S. 35); ferner das Vorgehen der Agnaten gegen die „beabsichtigte Mesalliance“ des Grafen Friedrich Adolf mit dem Hoffräulein v. Ditfurth (Kahl a. a. O. 37). Interessant ist auch der alsbaldige Einspruch des Grafen Ludwig Heinrich gegen die konsentierte Ehe des Grafen Albert Ernst mit Frau Wilhelmine von Trotha, abgeschlossen 1773 (Kahl a. a. O. bes. S. 46).

Nun wurde früher (s. oben S. 25 ff.) schon dargelegt, wie in der Deklaration des regierenden Fürsten von Lippe vom 10. Mai 1853 der Fürst — unwidersprochen von den beiden Nebenlinien Biesterfeld und Weißenfeld — sich allein das Autonomierecht über das Haus, also einschließlich auch der Nebenlinie Schaumburg, beigelegt und sich die Konsentierung der Ehen und die Anerkennung ihrer Standesmäßigkeit und Ebenbürtigkeit gegenüber den Mitgliedern dieser beiden Linien vorbehalten hat.

Dieser Akt band das ganze Haus — auch die Schaumburger Nebenlinie!

Es ist weiter ausgeführt, daß mittels amtlicher Urkunde vom 23. September 1868 der regierende Fürst von Lippe seinen Konsens zu der bevorstehenden Ehe des Grafen Ernst mit der Gräfin von Wartensleben in feierlicher Form erklärt hat.

Damit ist diese Ehe durch das Haus als ebenbürtig anerkannt und würde es bleiben, selbst wenn der Fürst — was übrigens gar nicht zutrifft — auf irrige Voraussetzungen hin konsentiert hätte. Denn solche Akte öffentlichrechtlicher Natur werden durch Irrtum im Motive ihres Erlasses keineswegs in ihrer Gültigkeit berührt.

Nun ist freilich die Deklaration von 1853 nicht publiziert worden; sie könnte der Linie Schaumburg-Lippe damals unbekannt geblieben sein, diese könnte somit behaupten, der Konsens des Fürsten Leopold vom 23. September 1868 habe ihr nicht präjudiziert.

Freilich ist im höchsten Maße unwahrscheinlich, daß der Schaumburg-Lippeschen Linie ein so einschneidender Erlaß wie der des Fürsten Leopold von 1853 volle sechzehn Jahre hindurch unbekannt geblieben sein sollte!

Aber dieser Punkt kann hier ebenso auf sich beruhen bleiben, wie die Frage, ob Fürst Leopold allein zu so wichtigen Akten der Autonomie berechtigt war, und ob der Widerspruch von Schaumburg-Lippe, während die beiden anderen Nebenlinien sich dem Erlaß ruhig unterwarfen, dessen Rechtsgültigkeit würde haben erschüttern können, wie endlich die weitere Frage, ob Akte der Autonomie, um für das Haus verbindlich zu werden, einer Zustellung an alle Agnaten oder Linien bedürfen?

Auf dies alles kommt es gar nicht an.

Denn die Eheschließung des Grafen Ernst muß der Schaumburger Linie zur Kenntnis gekommen sein; daß die Gräfin Wartensleben als Ehefrau des Grafen den Titel einer Gräfin Lippe annahm, also den Anspruch eines vollberechtigten Gliedes des Gesamthauses erhob, daß den Söhnen des Erlauchten Paares der Titel von Grafen zur Lippe beigelegt wurde und diese solchen Titel führten, muß sie erfahren haben.

Damals, als dies zu ihrer Kunde kam, war der allein richtige Zeitpunkt des Einspruches, und diesen Einspruch mußte sie umsomehr dann erheben, wenn sie vielleicht die Ebenbürtigkeit des Grafen Ernst damals bezweifelt hätte.

Nichts derart geschah, und als im Jahre 1896 der Schiedsvergleich „zur Vermeidung von künftigen Zweifeln und Streitigkeiten“ abgeschlossen wurde, da war es nur das Sukzessionsrecht des Grafen Ernst, seine Abstammung aus ebenbürtiger Ehe, die von der Schaumburger Linie in Frage gestellt wurde. Hätte sie damals Zweifel gehabt gegen die Ebenbürtigkeit der Ehe des Grafen selbst, dann wäre es für sie geboten gewesen, von vornherein dem Schiedsgericht auch die Entscheidung dieser Zweifel anheimzugeben: denn nur dann konnte Rechtssicherheit entstehen, — welchem Ziele doch die Paziszenten zustrebten!

2. Jene freie Entscheidung über die Mitgliedschaft zum Hause aber — gefunden zu der Zeit, wo es gilt, die Mitgliedschaft zum Hause festzustellen — erwächst notwendig in Rechtskraft und bindet das Haus für alle Zeit.

Nicht nur aus Pietäts-, sondern gerade so stark, ja noch stärker aus Rechtsgründen sind die künftigen Generationen des Hauses durch diesen Entscheid gebunden.

Sie stehen jetzt erworbenen Rechten gegenüber — ohnmächtig sie wieder aus der Welt zu schaffen. Eine solche Rechtsvernichtung wäre nur auf dem Wege der Autonomie denkbar. Zu diesem Akte aber fehlt den fürstlichen Häusern die Zuständigkeit. Denn das fürstliche Hausrecht kennt keinen Rechtsgrund, einem Mitglied des Hauses die Mitgliedschaft gegen dessen Willen zu nehmen. Selbst ein unwürdig gewordenes Mitglied muß das Haus tragen und dulden, falls nicht ausdrückliche Satzung eines Hausgesetzes das Haus ausnahmsweise zur Ausstoßung berechtigt.

Wenn also eine Ehe, die vor jetzt 170 oder 95 oder 30 Jahren geschlossen und damals vom Hause als ebenbürtig anerkannt wurde, jetzt als unebenbürtig angegriffen wird — nicht aus theoretischer Liebhaberei, sondern in der Tendenz, aus dieser Bestreitung wichtige praktische Folgerungen zu ziehen —, so liegt dem nach unserer Überzeugung eine vollständige Verkennung der Pflichten und Rechte des Hauses und der Rechte der späteren Agnaten zugrunde.

Zu welch logisch wie praktisch gleich unerträglichen Konsequenzen würde auch die Anerkennung eines solchen verschleppten Anfechtungsrechtes führen — unerträglich für das fürstliche Haus und noch viel unerträglicher für den Staat!

Das Haus war von je sich selbst schuldig dafür zu sorgen, daß im Hause bei jedem einzelnen Falle, sobald als möglich, der ferneren Anzweifelung nicht mehr ausgesetzte Verhältnisse entstehen und bestehen bleiben. Dem entspricht der Satz, daß erworbene Mitgliedschaftsrechte dem Mitgliede vom Hause nicht mehr genommen werden können.

Und in vollstem Widerspruche damit behandelt man die Unebenbürtigkeit als ewigen Grund unheilbarer Nichtigkeit der Mitgliedschaftsrechte für die ganze Deszendenz aus der unebenbürtigen Ehe, will man also die Mitgliedschaftsrechte ganzer Generationen verneinen!

Da diese Verneinung aber praktisch ja einfach undurchführbar ist, fällt man aus einem Widerspruch in den andern und will den Nichtigkeitsgrund statt von dem Augenblick seiner Entstehung erst von dem seiner vielleicht unendlich viel späteren Geltendmachung, also nicht ex tunc, sondern ex nunc wirken lassen. Man begnügt sich mit einer theoretischen Nichtigkeitserklärung diesen Rechten gegenüber.

Diese ist aber doch rein sinnlos! Die Mitglieder des Hauses haben doch als solche gelebt und gewirkt. Sie haben ihre Apanagen bezogen, die Autonomie mit geübt, vielleicht die Regentschaft geführt, vielleicht ein Jahrzehnt auf dem Thron gesessen. Dieser Rechtswirklichkeit gegenüber wird jeder theoretische Widerspruch bedeutungslos.

Oder will man vielleicht die Analogie aus dem parlamentarischen Leben der Gegenwart anziehen, daß die gewählten Mitglieder des Parlamentes bis zur Vernichtung ihrer Wahl gültig an den Verhandlungen und Abstimmungen des Parlamentes teilnehmen?

Die Analogie trügt! Das Parlament kann ohne Vermutung der Gültigkeit der Mandate gar nicht zu arbeiten beginnen und kann nach konstatierter Ungültigkeit einer Wahl unmöglich seine Beschlüsse revidieren, auch wenn sie nur mit einer Stimme Majorität gefaßt sind.

In vollem Gegensatze dazu ist das fürstliche Haus in der Lage, sorgsam zu prüfen, ob die Voraussetzungen für die Aufnahme der Ehefrau eines Agnaten in den Hausverband gegeben sind. Es kann und soll prüfen zur Zeit der Eheschließung, ist also der Notwendigkeit, provisorisch untaugliche Mitglieder als taugliche anzuerkennen, völlig enthoben.

Bleibt aber das Mitgliedschaftsrecht des Aszendenten trotz dessen Abstammung aus unebenbürtiger Ehe anerkannt, so sind und bleiben definitiv seine ehelichen Deszendenten aus ebenbürtiger Ehe gleichfalls Agnaten!

Und wie steht es mit dem Staate?

In noch weit höherem Maße wie das Haus ist er interessiert an der Sicherheit der Agnaten-, insbesondere der Sukzessionsrechte. Ein Hausrecht, was diese nicht zu gewährleisten vermöchte, hätte in seinen Augen alle Daseinsberechtigung verwirkt.

Der ganze große Segen der auch das Lippesche Haus beherrschenden Primogeniturordnung, der Frage nach dem Thronfolgerecht den Stachel der Zweifelhaftigkeit zu nehmen, ginge einfach verloren, wenn die Frage der Mitgliedschaft am Hause ewig in suspenso bliebe.

Gerade in den kritischsten Augenblicken könnte der Staat in die größten Wirrnisse gerissen werden. Statt des bisher allgemein im Volke wie im fürstlichen Hause als nächster Agnat oder als berechtigter Throninhaber Anerkannten bemächtigte sich ein anderer der Regentschaft oder des Thrones oder verlangte vom Throninhaber, daß er den Thron räumen solle auf Grund der vielleicht nicht einmal ganz unwahren Behauptung, daß ein Ahn jenes bisher nächsten Agnaten oder des Fürsten selbst eine unebenbürtige Ehe geschlossen hätte!

Alle diese Vorgänge aber wären einfache Rechtsbrüche, die durch die Berufung auf unebenbürtige Abstammung zu beschönigen versucht, aber ihrer Widerrechtlichkeit auch nicht zum kleinsten Teile beraubt werden könnten.

Auf allen Gebieten des Rechtslebens regt sich immer energischer das Bestreben, definitive Rechtszustände zu schaffen, also auch die Mängel ihrer Entstehungsgründe zu heilen. Diesem Streben dienen im Privatrecht die Ersitzung, dient das Grundbuch, dient die Durchbrechung des Grundsatzes, daß vom Nichteigentümer Eigentum nicht erworben werden könne; ihm dient die Verjährung der Zivil- wie der Strafklage. Auf staatsrechtlichem Gebiete legitimiert sich mit der Zeit sogar der Besitz usurpierter Staatsgewalt; es konvaleszieren Verwaltungs-, öfter auch Gesetzgebungsakte trotz starker Überschreitung der Zuständigkeitsgrenzen oder trotz schwerer formeller Mängel — und zwar in relativ kurzen Zeiträumen. Es wäre die größtdenkbare Anomalie, wenn das so eminent wichtige Sukzessionsrecht jeden Augenblick durch Aufwerfung von Ebenbürtigkeitszweifeln in Frage gestellt werden könnte. Im Gegenteil verlangen Staat und Thron kategorisch dauernde Sicherheit im Bestand der Agnatenrechte. Für sie handelt es sich nicht um rein interne Angelegenheiten einer hochgestellten Familie, sondern ganz unmittelbar um die Stellung der Mitglieder des Hauses zum Staat und insbesondere zur Thronfolge, weil davon das Los und das Schicksal des Staates unmittelbar mitbedingt ist.

Nur aus dem ebenso unberechtigten wie zähen Festhalten an für den Staat ungesunden privatrechtlichen Anschauungsweisen erklärt sich der seltsame Irrglaube an die Unendlichkeit der Ebenbürtigkeitsfrage. Kein Anhänger des Ebenbürtigkeitsprinzipes trägt nachhaltiger zu dessen Erschütterung bei, als wer es dergestalt übertreibt: er wird unwillkürlich zum wirksamsten Bundesgenossen der Gegner.

Nicht verwundersam erscheint es, daß geschriebene wie ungeschriebene Quellen des Fürstenrechts für die Anfechtung der Ebenbürtigkeit neu geschlossener Ehen keinen bestimmten Zeitraum fixieren. Sind sie doch nach allen Richtungen hin überaus lückenhaft!

Aber Anerkennung wie Nichtanerkennung der Mitgliedschaft im Hause sind in sich selbst zeitlich begrenzte Akte. Ist die Zeit für den Widerspruch abgelaufen, ohne daß er erhoben worden wäre, so hat das Recht des Einspruchs aufgehört.[1] Und mit Bezug auf die Ehe des Grafen Ernst mit Gräfin Karoline von Wartensleben ist jene Zeit seit etwa einem Menschenalter erloschen!

D. Von dem Maße der Rechtskraft des Schiedsspruchs vom 22. Juni 1897 insbesondere.

Es ist schon oben darauf hingewiesen, daß die rechtliche Bedeutung des Schiedsspruches einer besonderen Erörterung unterzogen werden solle.

Der Schiedsspruch hatte nach dem Schiedsvertrage vom 25./29. Juni, 3. Juli 1896 „zur Vermeidung von künftigen Zweifeln und Streitigkeiten" lediglich die ihm vorgelegte Frage zu entscheiden,

[1] Deshalb sind auch alle Nachforschungen nach der Abstammung des Vaters der Modeste von Unruh staatsrechtlich ohne alle Bedeutung.

wer nach Erledigung des zurzeit von Seiner Durchlaucht dem Fürsten Karl Alexander zu Lippe innegehabten Thrones zur Regierungsnachfolge im Fürstentum Lippe berechtigt und berufen ist,

und hat diese Frage zugunsten des jetzigen Regenten von Lippe entschieden.

Damit ist eine Anfechtung dieser Berechtigung durch die anderen Paziszenten des Schiedsvertrages ausgeschlossen.

Ist aber auch eine Anfechtung gegenüber solchen Personen ausgeschlossen, die kraft desselben Rechtsgrundes in die Regierung des Fürstentums Lippe sukzedieren, welcher die Basis der Ansprüche Seiner Erlaucht des Grafen Ernst ausmacht und in der „Begründung" des Schiedsspruches als im Recht begründet seitens des Schiedsgerichtes anerkannt worden ist?

Dies ist mit aller Entschiedenheit zu bejahen. Der Streit drehte sich nicht um eine Frage, welche lediglich für das Individuum des Grafen Ernst in Betracht kam, nicht um eine persönliche Eigenschaft dieses, die eben seine Sukzessionsunfähigkeit hätte ergeben können. Vielmehr war die einzige zur Entscheidung stehende Frage diejenige, ob der Umstand, daß Graf Ernst aus der Ehe stamme, welche sein Großvater im Jahre 1803 mit der Modeste von Unruh geschlossen hatte, seine Sukzessionsunfähigkeit bewirke oder nicht.

Lediglich darüber hatte das Schiedsgericht zu entscheiden und hat es entschieden.

Daraus erhellt zur Evidenz, daß alle Deszendenten aus der Ehe des Grafen Wilhelm Ernst aus dessen Ehe mit Modeste von Unruh als sukzessionsfähig angesehen werden müssen, sofern für ihre Person nicht besondere Momente vorhanden sein sollten, welche ihre individuelle Sukzessionsunfähigkeit herbeiführen.

Es wäre geradezu widersinnig, anzunehmen, daß z. B. den Brüdern des gegenwärtigen Regenten ihre Sukzessionsfähigkeit aus demselben Grunde in der Folgezeit bestritten werden könnte, welcher seitens des Schiedsgerichts für den jetzigen Regenten als nicht in Frage kommend hingestellt worden ist, daß die Modeste von Unruh dem einen Abkömmling gegenüber ebenbürtig gewesen sein soll, dem anderen gegenüber nicht.

Dieses Resultat würde sich sogar ergeben, wenn selbst die Grundsätze der Reichszivilprozeßordnung auf den Dresdner Schiedsspruch anwendbar wären, wovon freilich in keiner Weise die Rede sein kann. Denn jene beziehen sich lediglich auf ordentliche bürgerliche Rechtsstreitigkeiten (Gaupp-Stein, Die Zivilprozeßordnung f. d. deutsche Reich, Freiburg 1898, Bd. 2, S. 654), d. h. nach § 3 des Einführungsgesetzes zur Zivilprozeßordnung auf solche, welche vor die ordentlichen Gerichte gehören.

Der durch den Schiedsspruch entschiedene Streit über die Sukzessionsfähigkeit für einen deutschen Thron ist aber ein solcher, daß für ihn kein ordentliches Gericht des deutschen Reiches zuständig ist. Er konnte überhaupt nur im Wege des Schiedsgerichts zur gerichtlichen Entscheidung gebracht werden.

Darum ist denn auch der Dresdner Schiedsspruch nicht in Gemäßheit des § 865 ZPO. auf der Gerichtsschreiberei des zuständigen Gerichts niedergelegt worden. Denn ein solches für das Schiedsverfahren der Zivilprozeßordnung als wesentlich anzusehendes zuständiges Gericht existierte gar nicht. Darum sind denn auch die Normen der Zivilprozeßordnung über die Rechtskraft des Urteilstenors gegenüber den Urteilsgründen für den Dresdner Schiedsspruch als unanwendbar zu bezeichnen.

Darum beruht denn endlich auch die Rechtskraft des Schiedsspruches nicht auf § 866 der Zivilprozeßordnung, sondern auf derjenigen Bestimmung des Schiedsvertrages, in welcher die Paziszenten übereinkommen, den Schiedsspruch als unanfechtbar anzusehen. Es gibt kein rechtliches Mittel, die Paziszenten des Schiedsspruches zu verhindern, die in diesem entschiedene Frage noch einmal aufzuwerfen. Aber freilich wäre das eine flagrante Verletzung von Treu und Glauben, geeignet das Rechtsgefühl des deutschen Volkes auf das tiefste zu erschüttern.

Und diese Unanfechtbarkeit des Schiedsspruches ist auch in keiner Weise davon bedingt, ob er als richtig oder irrtümlich angesehen werden muß, ob der Richter bezüglich des Tatbestandes geirrt hat oder nicht. Es gelten hier genau die Grundsätze als der Natur der Sache entsprechend, welche schon im Corpus iuris civilis über den Schiedsspruch zu finden sind, wo es heißt (l. 27 § 2 de recept. D. 4, 8): Stari autem debet sententiae arbitri, quam de ea re dixerit, sive aequa sive iniqua sit, et sibi imputet qui compromisit.

Die einzige Analogie, die vielleicht hier herangezogen werden könnte, wäre die des völkerrechtlichen Schiedsspruches. Denn bei diesem wie bei jenem handelt es sich um Streitigkeiten, die nicht zur Zuständigkeit eines bürgerlichen Gerichtes gehören.

Und wenn hier die moderne Doktrin als Gründe für die Anfechtung eines Schiedsspruches aufführt: Unredlichkeit oder auch nur deutliche Parteilichkeit des Schiedsrichters oder der Gegenpartei, mangelhaftes Gehör der Parteien usw. (vgl. Goldschmidt, Ein Reglement für internationale Schiedsgerichte S. 33; Heffter, D. europäische Völkerrecht § 109; Rivier, Lehrb. d. Völkerrechts, Stuttgart 1889, § 58; Calvo, le droit internat., Paris 1888, § 1774; Ullmann, Völkerrecht, Freiburg 1898, S. 301), so bedarf es der Aufzählung der weiteren Gründe gar nicht, weil sie einmal für den Dresdner Schiedsspruch nicht zutreffen und andererseits auch weil eine Anfechtung eines völkerrechtlichen Schiedsspruches gar nicht geltend gemacht werden kann, die nicht bei dem Schiedsgerichte selbst angemeldet worden ist, und weil sie gänzlich ausgeschlossen ist, wenn der Schiedsspruch seitens der Parteien anerkannt worden ist. Diese Anerkennung braucht nicht ausdrücklich, sondern kann auch in der Weise erfolgen, daß die Parteien den Schiedsspruch ausführen. Daß das letztere aber wenigstens seitens des Fürsten von Schaumburg-Lippe geschehen ist, der die in seinem Namen geführte Regentschaft über Lippe-Detmold sofort niederlegte, dessen Regentschaftsvertreter das Land nach Publikation des Schiedsspruches sofort verließ, ist notorisch.

Die vom Schiedsgericht zu entscheidende Frage war freilich formell nur auf den Fall der nächsten Thronerledigung im Fürstentum Lippe zugeschnitten. Aber sie konnte überhaupt nur gelöst werden, wenn die privatfürstenrechtliche kontroverse Frage über das Ebenbürtigkeitsrecht in der Lippeschen Familie im allgemeinen zur Entscheidung gebracht wurde.

Es handelte sich nicht darum, ob der jetzige Regent nach den Normen des Lippeschen unter den Parteien des Schiedsverfahrens unstreitigen Rechtes sukzessionsfähig sei. Vielmehr drehte sich der Streit gerade und allein nur um dieses Recht.

Denn, wie schon oben bemerkt, der gegen die Sukzessionsfähigkeit des jetzigen Regenten geltend gemachte Grund war ausschließlich der, daß seine Abstammung als unebenbürtig nach den Grundsätzen des Privatfürstenrechts im allgemeinen und des Lippeschen im speziellen behauptet wurde. Darum hatte das Schiedsgericht wesentlich dieses Recht durch seinen Spruch festzustellen, wenn es auch in Gemäßheit des Schiedsvertrages zunächst nur für den nächsten Erledigungsfall des Lippeschen Thrones die Konsequenzen aus diesem Recht zu ziehen hatte. Darum ist aber nicht nur die Konsequenz, sondern auch das ihr zugrunde liegende Recht durch den Schiedsspruch als für die Parteien festgestellt zu erachten.

Der Schiedsspruch hat aber als Lippesches Familienrecht festgestellt:

1. daß eine Ehe nicht als Mißheirat anzusehen sei, wenn sie von einem Mitgliede der Familie Lippe mit einer Frau des niederen Adels abgeschlossen sei;
2. daß dieser niedere Adel nicht ein besonders ausgezeichneter zu sein brauche, da der Brüdervergleich nicht die Bedeutung eines für die Sukzessionsfähigkeit maßgebenden Hausgesetzes besitze.

3. Er hat dann als zweifelhaft dahingestellt sein lassen, ob jener niedere Adel ein alter sein müsse.
4. Aber er hat unzweifelhaft erklärt, daß er unter altem Adel nicht Ahnenadel verstehe, daß das Alter des Adels nur für die Familie, nicht für das Individuum in Betracht komme.

Der Schiedsspruch hat dann freilich über die Ebenbürtigkeit der Ehe des jetzigen Regenten und die Ebenbürtigkeit der aus dieser entsprossenen Kinder nicht direkt entschieden und konnte es nicht. Denn diese Frage lag ihm nicht vor und es ist keine Erörterung des Tatbestandes jener Ehe eingetreten.

Aber indirekt hat der Schiedsspruch doch auch die für die vorliegende Frage maßgebenden Grundsätze insofern festgestellt, als er einfachen niederen Adel für ausreichend und das Moment des Ahnenadels für indifferent erklärte.

Ahnenadlige Geburt war für das Schiedsgericht auch nicht bei Modeste von Unruh als festgestellt erachtet worden und insofern auch nicht für den von ihr abstammenden jetzigen Regenten. Würde nun nicht ein dem oben charakterisierten gleicher Widersinn zutage treten, wenn der Regent trotz mangelnden oder jedenfalls für das Gericht nicht erwiesenen Ahnenadels für sukzessionsfähig, seine Deszendenz aber wegen desselben Mangels des Ahnenadels für sukzessionsunfähig angesehen werden sollte?

Wenn nun aber auch nach dem Gesagten die von uns zu erörternde Frage schon als durch den Schiedsspruch entschieden angesehen werden muß, so mag doch hervorgehoben werden, daß das Gutachten sich nicht bloß mit diesem Nachweise begnügt, daß dessen Ergebnis vielmehr im Wege selbständiger Deduktion erzielt worden ist, die freilich auf die Basis des Schiedsspruches sich gestellt hat und stellen mußte.

Wir fassen zum Schlusse unsere Überzeugung dahin zusammen:

Jede Anfechtung des Rechtes der Söhne Seiner Erlaucht des Grafen Ernst zur Lippe-Biesterfeld auf die Thronfolge im Fürstentume ist aus vier miteinander konkurrierenden Gründen zu verwerfen, von denen jeder für sich allein stark genug wäre, die Verwerfung zu tragen:

1. wegen Ebenbürtigkeit der Ehe Seiner Erlaucht des Grafen Regenten von Lippe mit Karoline Reichsgräfin von Wartensleben;
2. wegen grundgesetzlicher Anerkennung der Erbherrlichkeit trotz Abstammung aus einer Ehe zwischen einem Agnaten und einer Frau niederen Adels in der Lippeschen Verfassung vom 6. Juli 1836 § 5 Abs. 3;

3. wegen rechtskräftig gewordener Anerkennung der Ehe des Grafen Regenten durch das Lippesche Gesamthaus;
4. wegen rechtskräftiger Feststellung durch den Schiedsspruch vom 22. Juni 1897, daß nach Lippeschem Hausrechte die Ehe eines Agnaten mit einer Dame niederen Adels ebenbürtig sei.

Dies ist die einmütige Rechts-Überzeugung der Fakultät.

Leipzig, den 16. November 1898.

Die Juristenfakultät.

Dr. E. Strohal,
derzeit **Dekan.**